いのちの巡礼者——教皇フランシスコの祈り

目次

II

……どれほどわたしは貧しい教会を、貧しい人のための教会を望んだことでしょうか。

「教皇フランシスコのメディア関係者へのあいさつ」

はしがき

ローマ教皇フランシスコ自身の口から来日を希望していると語られたのは、二〇一八年のことだった。その報道があってしばらくして、翌年の一一月下旬、クリスマス前になりそうだ、という話がどこからともなく流れてきた。

その頃から、今回の来日をどのようにしたらもっとも意味深いものにできるかを考え始めた。実現すればローマ教皇が日本を訪れるのは二回目で三八年ぶりになる。私はもうおそらく次の教皇来日を経験することはない、そう思った。

まず、比較的近しい人に教皇の来日をどう思うかと聞いてみると、教皇の存在は知っているが、彼がどんな役割を担っているのかを知る人があまりに少ない。メディアの関係者でも状況は大きくは変わらなかった。

教会の外《そと》には、今回の来日を受け止める「器」がほとんど準備されていないのではないかと思わざるを得ない状況だった。

ローマ教皇とは何かを説明し、その上で教皇フランシスコの特徴を語る、そうしてやっと、今回の来日の意味を問う準備が整う。

最初に行ったのは、交流のある新聞社、雑誌社との懇談だった。今回の教皇来日をどう受け止めているかを率直に話し合った。

どの記者、編集者も深くかつ主体的な関心があるのだが、何を論点にして世に伝えるべきかを決めあぐねていた。そうしたなか、各紙に来日前に執筆の機会を与えられ発表したのが、本書の「I」に収めた文章である。

新聞を複数読んでいる人もいるが、けっして多数派ではない。どの記事も、読者は教皇来日に関する記事は一度しか読まない、という前提になっている。教皇とはどのような存在かに関して書いた部分など、重複があるのはそのためである。

いっぽう「II」には、来日後に書いた文章を収めた。長崎、広島、東京で教皇の姿と言葉にふれ、実感したことをなるべく熱が冷めないうちに書いたのが、「貧しい人に導かれて」と「声を発しても耳を貸してもらえない人の声」である。

この二つは、教皇が帰国した翌日には脱稿していなくてはならなかった。振り返ってみると、日程的に過酷な状況だったからこそ書けた言葉もあったように思われる。

教会は今も大きく動いている。文中には司祭の独身性に関する決まりが九〇〇年ぶりに変わるかもしれないと書かれてある。だが、その後、さまざまな意見が出て、現時点ではこの提案は実現しないことになった。だが、このことが真剣に検討された事実も見過ごしてはならない。

今回の教皇来日とは何だったのかを、私たちが本当に理解するには、もう少し時間が必要かもしれない。しかし現時点で、彼が語り、あるいは体現することで残していったものは何かと聞かれたら、「いのち」と「祈り」だと応えたい。「いのち」と「祈り」、この二つの言葉を中軸にするとき、じつに多様な問題に積極的に発言している教皇の言葉に、一つの道筋が浮かび上がってくるように思われる。

I

「弱き者」の使者

二〇一九年一一月二三日から二六日の日程で、ローマ教皇が三八年ぶりに来日する。世界はいま、教皇の発言に注視している。

歴代の教皇の発言も世界に大きな影響を与えてきた。キューバ危機の回避にヨハネ二三世の、冷戦時代の終焉《しゅうえん》にヨハネ・パウロ二世の働きが大きかったことは国際政治の世界ではよく知られている。だが、現教皇フランシスコは、先代の教皇の霊性と活動を踏襲しつつ、さらなる影響力を世界におよぼしている。

教皇は、私たちが見失ったもの、見過ごしているものを取り戻し、再発見しなくてはならないと警鐘を鳴らす。カトリック教会の在り方はもちろん、経済、政治、あるいは「いのち」の認識を新たにしなくてはならないと訴え続けている。

今回の来日中、教皇は被爆地である長崎と広島を訪れる。戦争は「いのち」を奪う。彼は紛争を停止するためだけに動いているのではない。この世から紛争が無くなるために動いている。また、彼は死刑の執行に対し、一貫してそれを批判し反対してきた。だが教皇は、法律の改正を世に呼びかけているだけではない。刑罰として「いのち」を奪うということは、人間に与えられた能力を超えていると強く戒める。

これまでの数十年間、世界は成長、成功、発展を実現するための価値観を築き上げてきた。だが成功者の背後には必ず失敗した者がいる。あらゆる世界に「強者」がいるということは、そこに服従するほかない「弱者」が生まれていることを意味する。

教皇は、こうした世界のありようを根底から再構築しようと呼びかける。私たちはもっと、この世にある、声にならない「声」に耳を傾けねばならないと強く促す。新しい世界を作っていく叡知《えいち》は、「強き者」の知性にではなく、「弱き者」たちの経験に眠っている。それが教皇の動かない信念だといってよい。

教皇が、全世界のカトリック信者はもちろん、世界の人々に送った回勅《かいちょく》『ラウダート・シ』には次のような一節がある。

〔わたしたちは〕この世界が無償で与えられ、他者と分かち合うべき〔神からの〕贈り物であることに気づきます。この世界は与えられたものであるゆえに、効率性と生産性をただただ個人の利益のために調整する単なる功利的視点で現実を眺めることは、もはやわたしたちにはできません。

この世界は、力ある者たちによって独占されるために存在しているのではなく、人々によって分かち合われるために存在している、というのである。

この回勅で彼は、気候変動を中心とした環境問題、そして環境汚染を生んだ利己主義と大量消費型の生活を変えていかねばならないと語る。教皇が考えている「世界」

とは、同時代の人々にとっての世界であるだけでない。過去から受け継いだ世界であり、未来に受け継いでいかなくてはならない世界である。
回勅には「ともに暮らす家を大切に」という副題が付けられている。この世界は、私たちがともに暮らす大きな、しかし一つの「家」にほかならない。それをおのれの欲望によって塗りつぶすことは誰にもゆるされていないのである。

（共同通信、二〇一九年一一月配信）

出向いて行く教会

二〇一三年三月に就任した直後から教皇フランシスコの改革は続いている。教会の内部の無駄を省き、機構を改めただけではない。その言動を見ているとカトリックばかりか、宗教のあり方そのものを変えようとしているように見えてくる。

歴代の教皇たちは「回勅」あるいは「使徒的勧告」という書物を公にすることで、世界のカトリック信徒たちに呼びかけてきた。しかし、フランシスコの姿勢は違う。彼はヨハネ・パウロ二世以降の流れを受けつぎ、信仰や思想を異《こと》にする者たちとの「連帯」のために世界各国を訪れている。彼の回勅『ラウダート・シ』の序にあたるところには、次のような一節がある。

この回勅では、皆がともに暮らす家についての、すべての人との対話に加わりたいのです。

教皇は、キリスト者、非キリスト者の区分なく語りかけているだけではない。むしろ、教会の外にいる人々に力点を置いている。彼は、単に信仰を同じくする人を増やそうとしているのではない。今世界が直面しているさまざまな不正義という危機を前に、ともに働く者を探している。

この回勅が刊行される前にフランシスコは『使徒的勧告　福音の喜び』を世に送った。彼がそこで語ったのは「出向いて行く教会」という、これからの教会の姿だった。

「出向いて行く教会」とは何かをめぐって、教皇に選出されてほどない時期に行われたあるインタビューで、彼は次のように述べている。

教会は、戸を開けて人々が来るのを待っていて、来れば受け入れるだけではだめです。新しい道を見出《みいだ》す教会、内に籠《こ》もるのではなく、自分から外に出て行き、教会に通わなくなった人々、来なくなった人々や無関心な人々のところに出かけていくような教会であるように一緒に努力していきましょう

（門脇佳吉訳、傍線原文）

今回の来日にも同じ思いが込められている。彼はキリスト者あるいは他の宗教的信仰を持つ者たちとの対話のためだけにローマから「出向いて」来るのではない。あまりに目に見えるものに重きを置き過ぎる世の中にあって、「信じる」という営みの意味を見失いつつある人々と巡り会うために来るのである。

このインタビューには「教会は野戦病院であれ」というタイトルが付されている。

これからの教会は「敵味方」の区別なく、傷ついた者であれば、どんな人であっても
その「いのち」を守る場所にならなくてはならない、と彼は言う。

現代人の多くは人間を心身から構成されていると考える。だが教皇は、そこに心身
を包むように存在する「いのち」という場があると語る。それだけでなく「いのち」
の次元に足を据え、世界と向き合う必要がある、と強く訴える。

『ラウダート・シ』で彼は、気候変動や環境汚染の改善を求め、それらの問題を助長
している「いのち」を忘れた経済に警告を発している。

フランシスコにとって空は、人類の屋根であり、海や森は人類に空気をもたらす恩
恵の泉にほかならない。それを一部の人々の自由にすることに警鐘をならす。そのた
めに、最初に傷つくのは、「貧しい人」たちだからだ。

自然は人間の所有物であり、自由に扱ってよい。人間こそがこの世界の頂点に立つ
者である。これが近代文明を牽引《けんいん》してきた不文律だった。しかし教皇は、そうした考
えを「聖書を誤って解釈した」結果だと明言する。

自然が与えられたのは、人間がそれを支配するためではなく、それを守り、後世へと受け継いでいくためにほかならない。「いのち」が目覚めるとき人は、自然と向き合う、あるべき態度を認識する。自然だけではない。私たちは「貧しい人」や「見捨てられた人」との関係も取り戻す道を同時に見出すだろう、と教皇はいうのである。

（毎日新聞夕刊、二〇一九年一一月二一日）

心が痛みに震えるとき

前教皇ベネディクト一六世が生前の退位を表明し、教皇フランシスコが選ばれたのは、二〇一三年三月のことである。それ以来彼は次々と改革を断行し、六年半しか経過していないにもかかわらずカトリック教会をめぐる様相は大きく変わった。

これまでカトリックの神父は独身であらねばならなかった。しかし二〇一九年一〇月、いくつかの条件を前提に妻帯者でも司祭になれるかもしれない道の検討が始まった。実現すれば九〇〇年ぶりの変革になる。

改革は、よいことだけを世に示すことにはならない。この教皇は教会組織の暗部にまで手を伸ばした。教会をめぐる醜聞は前教皇の時代にもあった。だが、フランシスコの時代になり、私たちはこれまで以上に聖職者の汚職や性的虐待といったニュースにふれることになった。これも彼の改革の結果だった。

なかでも明確な方針を提示したのは、死刑への反対だった。彼はそれを明文化し、正式な教理とした。人間が人間の「いのち」を奪うことはいかなる理由があってもゆるされない。「人間のいのちを奪うことで問題を解決しようとすることは進歩ではありません」（『使徒的勧告　福音の喜び』）と教皇はいう。

近代社会は科学の発展により、身体や精神の仕組みを解明しつつある。しかし反比例するかのように私たちは「いのち」とは何かを見失ったのかもしれない。人間は「いのち」によってこそ、他者や自然、さらには「神」と連帯している。この厳粛な事実を教皇は私たちに思い出させようとしている。

回勅『ラウダート・シ』に示されているように、教皇は、気候変動や環境汚染、水に象徴される自然資源の独占、格差を助長するグローバル経済のありように対し、強い言葉で疑義を表明している。彼にとって、こうした問題はすべて、人間を「いのち」の危機に追いやるものにほかならない。

「カトリック」はギリシャ語で「普遍」を意味する。真の意味での、開かれつつ、連帯する「普遍教会」へと変貌していくために、国境が「壁」であってはならない。むしろ教会は、国境の彼方にある、すべての人たちの「家」へと姿を変えていく必要がある、とも彼はいう。教会はこれまで、キリスト者のための場所だった。しかし教皇は、それをすべての人に開かれた「場」にしようとしている。

かつて人々にとって教会は、人間が、出向く場所だった。だが、この教皇が考える教会のあるべき姿は違う。「出向いて行く教会」（前掲『福音の悦び』）とならねばならないという。

「出向いて行く」先には、病者や囚人といった何らかの理由で教会に来られなくなっている人もいる。あるいは、教会に行く意味を見失った人たちもいるだろう。さらには日本のように、キリスト教が生活に浸透していない地域では、そもそも教会の存在すら知らない人たちも多くいる。

二〇一八年現在、日本のカトリック教会の推計によると国内のカトリック人口はおよそ四四万人、総人口の〇・三％にすぎない。教皇来日の目的は、信仰を同じくする人々だけに語りかけるためではないだろう。これまでの旅の記録から見えてくるのは、これまではローマ教皇と接点があるなどとは考えも及ばなかった人たちと交わろうとする彼の姿だ。

来日中、教皇は長崎と広島の爆心地や、二六人の信徒が処刑され、殉教した長崎市西坂町の巡礼地を訪れる。東京では東日本大震災の被災者や青年たちとも言葉を交わす。

「他者の痛みを前にして心が震わされるとき、貧しい人の叫びに耳を傾けよという命令がわたしたちのうちで具体化します」（同前）と教皇は書いている。彼にとっての「他者」は、現存する人々だけではない。彼は、亡き者となり、今は語ることのできない者たちの声にならない「声」にも耳を傾ける。そして「貧しさ」のなかで日々を送る人たちに、あなたたちは忘れられた存在ではない、そう呼びかけ続ける。

（読売新聞、二〇一九年一一月一八日）

橋をかける人

ローマ教皇にはさまざまな「顔」がある。世界でもっとも小さな「国」、バチカン市国の元首であり、同時に一三億人の信徒が連なる世界最大の宗派であるカトリック教会の指導者、ある人々は彼に時代に警告を発する者の姿を見るかもしれない。

前教皇のベネディクト一六世が生前の退位を表明したのが二〇一三年二月、翌月フランシスコが第二六六代の教皇に就任した。

着任したとき、彼の名を知る人は多くなかったが、およそ六年半の間に状況は一変した。世界はその言葉に注目し、影響力も著しく大きい。

本名はホルヘ・マリオ・ベルゴリオ。アルゼンチンの首都ブエノスアイレスに生まれ、イタリア系の移民の子どもとして育った。彼は、ラテン・アメリカから初めてであるだけでなく、近代ではヨーロッパ大陸以外から誕生した最初の教皇でもある。

世界は人々が「ともに暮らす家」（『回勅　ラウダート・シ』）である、と教皇はいう。「すべての者の母である教会」（『使徒的勧告　福音の喜び』）でなくてはならないとも述べている。誰も排斥されることのない「家」、それが教皇の考える教会の姿だ。

教皇は「気候危機」への参与も強く促す。なぜならそれは「家」に深くかかわり、もっとも深く傷つくのは途上国の弱い立場にいる人たちだからだ。教皇は、「弱い人」、「貧しい人」たちの視座から世界の秩序を立て直そうとしている。

そればかりか、弱く、貧しい人は、過酷な日々の中で稀有《けう》なる叡知を身に宿している。私たちは、手を差し伸べるだけでなく、そうした人々から学ばねばならない、とも語る。

二〇一九年一〇月末、ある条件を満たせば、妻帯者でもカトリックの司祭になれるように規則が改められるかもしれない、というニュースが飛び込んできた。およそ九〇〇年間続いた司祭の独身性が改められようとしているのである。

そのいっぽうで、聖職者による性的虐待などの教会のスキャンダルが数多く報じられる、という事態も起こった。だが、これも彼が推し進めた改革の結果だった。

醜聞で教会の信頼が失われることは承知しつつ、彼が最優先で実行しようとしたのは罪を犯した人の断罪よりも、被害にあった人たちに、教会として、心から謝罪をすることだった。

あるフランスの社会学者との対談のなかで教皇は「謝罪すると、橋がつくられます」と語っている。分断が蔓延《まんえん》するところに「橋をかける」ことこそ、自らに定められた使命だと彼は考えている。同じ対談で「政治はたぶん、最大の愛徳行為の一つでしょう。なぜなら、政治をするということは人々を担うことだからです」（『橋をつくるために』戸口民也訳）とも語る。ここでの「政治」は、勢力を争う政局的なものでなく、国や既存の区分を超えたところで行われる「新しい」政治にほかならない。

日本におけるカトリック信徒の数はおよそ四四万人で、少数派だ。それにもかかわらず、教皇にとって日本は特別な場所である。彼の本を読んでいると日本に言及している個所に出会う。最初の赴任地として希望したのも日本だった。また、二〇一七年、被爆した長崎でジョー・オダネルが撮影した写真「焼き場に立つ少年」に教皇が「戦争がもたらすもの」との言葉を添えて関係者に送ったことが国内外で話題になった。

今回の来日では長崎の被爆地と広島の平和記念公園での集いを行う。また、長崎では二六人のキリシタンが処刑され、殉教した西坂を訪れる。

非戦を説き続け、死刑制度に対しても強い「否」を表明する教皇は、こうした場所で何を感じ、何を語るのだろうか。

（日経新聞夕刊、二〇一九年一一月一八日）

「貧しい人」に学ぶ

ローマ教皇は、宗教者の姿をした政治家だと批判する人は、これまでも少なからずいた。だが、ローマ教皇には宗教的リーダーと政治的リーダーという二つの「顔」があるのではない。誰であれこの座につく者は、どこまでも一つの人格を生きている。政治と宗教はつねに、緊張をはらみつつ、高次の均衡のなかにあり続けなくてはならない。「教皇」は、そのことを全身で体現することを求められる。

ことにフランシスコの場合、その役割の自覚は著しく強い。彼は政治的であろうとしているのではない。むしろ、政治と宗教をともに従来のあり方から脱却させたいと願っている。

フランスの社会学者ドミニック・ヴォルトンとの対談（『橋をつくるために』戸口民也訳）で彼は、「政教分離の国家は健全なもの」であり、「健全な政教分離」を実現しなくてはならないと述べつつ、同時に「超越的なものに開かれていること」がどうしても必要であると語る。

大いなるものを前にしたとき、人は必然的に「小さく」なる。キリスト教における「小さきもの」とは、つねに超越者の存在を感じつつ、生きる者たちにほかならない。だが、現実の世界ではしばしば人間が超越者の椅子に座っている。社会を人間の価値観によってのみ構築しようとするとき、富める者、力ある者の考えが色濃くなる。貧しい人、弱い人の声は封じられ、あたかも存在しないかのように扱われる。

教皇は、宗教や倫理的な問題だけでなく、気候危機やグローバル経済によってもたらされた富の偏りなど、政治、経済、人権にかかわることに対しても発言を辞さない。当然、権力者とのあいだに摩擦《まさつ》が生じることもある。だが、こうしたとき彼は、どこまでも言葉を奪われた者たちの「口」であろうとする。

教皇に就任するとフランシスコは、歴代の教皇が暮らしていた宮殿を住居にすることを拒んだ。数百人の人が集える場所が併設されているこの場所ではなく、「聖マルタの家」と呼ばれる質素な居住空間での生活を始めた。宮殿からは世の「貧しさ」は見えにくいというのだろう。

現代社会における「貧しさ」は金銭的問題に限定されない。生きる意味を見失うという精神的な「貧しさ」もあるが、故郷を追われ、家族との別離を強いられた移民・難民たちのような境遇的な「貧しさ」もある。

彼はつねに、ある畏敬をもって「貧しい人」たちに言及する。そして「貧しさ」を単なる否定的な問題であるとは捉えない。「貧しさ」は、人と人を真の意味で結びつける契機にもなると強く訴える。「貧しい人」たちが私たちのなかに眠っている「愛と誠意」を目覚めさせる、ともいう。

同時に彼は「貧しい人」たちに学ばねばならないとも述べている。「貧しい人は多くのことを教えてくれる」だけでなく、信仰においても「特別に開かれている」、すなわちより超越者にちかい場所にいるとも語る（『使徒的勧告　福音の喜び』）。

彼は、世界のあり方を改善しようとしているだけではない。「貧しい人」たちの叡知に照らされながら、その基盤を作り直そうとしている。現実は、富める者たちが「貧しい人」たちに何かを与えているのではなく、「貧しい人」たちこそが、この世に真実の「富」をもたらしていることを、明らかにしようとしている。

彼は、これまで誰も考えなかったことを実現しようとしているのではない。むしろ、人々が心のどこかで真摯《しんし》に願わずにはいられなかったことを現実化しようとしているのである。

*

教皇に就任するとき、聖人に由来する新しい名前を冠する習わしがある。彼が選んだのは、一三世紀に活躍した清貧の聖者として知られる、アッシジの聖フランシスコだった。

以前からフランシスコにゆかりが深かったわけではない。むしろ、彼はこの聖者とは異なる伝統のなかに身を置く人物だった。アッシジの地を訪れたのも教皇になってからである。

初めてづくしの人物だが、彼はイエズス会から出た最初の教皇でもあった。フランシスコ会とイエズス会は、カトリック教会の二大勢力だといってよい。ある意味では対極的な位置にあるともいえる。

教皇は、出身母体であるイエズス会に由来する聖人の名前を付けることもできた。だが彼は、あえて「フランシスコ」の名前を選んだ。ここには、この聖人が体現した、貧しさ、平和、自然への畏敬を重んじるという思いだけでなく、相容れないものを創造的に「一致」させようとする教皇の深い企図がある。

カトリックが今日説く「一致」は、同一化ではなく、さまざまなものがそれぞれでありながら「共鳴」する状態を意味する。「共鳴」はときに厚い「壁」の向こうにも響く。「壁」と「橋」はフランシスコの信念を理解する上で、鍵となる言葉だといってよい。「壁」を無くし、「橋をかける」こと、それがキリスト者の考える「一致」にほかならない。

「壁」は目に見えるものばかりではない。差別や格差、あるいは偏見や不平等のあるところにも「壁」がある。独占や搾取は経済的な「壁」のなかで行われる。フランシスコは、今日の経済のあり方にも強く警鐘を鳴らす。

分断と対立は紛争へとつながり、移民・難民を生む。日本では移民・難民の問題はあまり語られない。だが、語られないことと存在しないことは同じではない。

二〇一九年六月下旬、長崎県大村市の入国管理センターで、一人のナイジェリアからの移民が、三年七ヶ月にわたり収容され、それに抗議の意を込めたハンガーストライキの末に、命を落とすという出来事があった。

ギリシアのレスボス島には大きな移民・難民のキャンプがあり、そこにはシリアなどから今も人々が避難してくる。二〇一六年四月、教皇はこの場所を訪れ、避難民の受け容れをめぐる現地の人々の懸念にも理解を示しつつ、こう語った。

移動者とは人数の問題である前に、顔をもち、名前とそれまでの人生をもった人間なのです

（「レスボス島でのあいさつ」『教皇フランシスコ講話集4』）

今日の社会では、人間の存在価値という質的なものが、あたかも金銭的価値という量的なもののようにあつかわれていく。

教皇は、こうした世界に、根源的な変化をもたらそうとしている。量化され、疎外されることで「見捨てられている人々」が現代社会の随所にいる、ともいう（『使徒的勧告　福音の喜び』）。

教皇フランシスコにとって日本は特別な国である。彼の発言を追うと、一度ならず日本をめぐる発言に遭遇する。当時は健康状態が十分でなく実現しなかったが、神父になり、最初に赴任地として希望したのは日本だった。日本は彼にとって、キリスト教が禁教になり、神父が不在になり、処刑を含む弾圧を経てもなお、信仰を守り続けたキリシタンたちの国でもあった。そして、核の廃絶、非戦を説く彼にとって、世界で唯一の被爆国である日本は他には替えがたい苦しみの経験と叡知を有するはずの国だった。

今回の来日では長崎、広島の爆心地だけでなく、長崎では、信仰を守ったゆえに処刑され、殉教したキリシタンを記念する巡礼地を訪れる。東日本大震災の被災者と言葉を交わし、青年たちの集いにも参加する。

教皇は、自らの言葉を届けるためだけに日本を訪れるのではない。語ることを奪われた死者たちの声に耳を傾け、かなしみのなかに生きる者たちに敬意を表するためにも来るのだろう。

私たちもまた、教皇の言葉に注目するだけでは十分ではない。私たちも彼とともに、世にある沈黙の言葉を聴き取る、むかしの人々が「心耳《しんじ》」と呼んだ、もう一つの「耳」を開かねばならないのではないだろうか。

（東京新聞夕刊、二〇一九年一一月一九日、二〇日）

いつくしみのわざ

ローマ教皇フランシスコは、今回の来日中、長崎、広島の爆心地、長崎市西坂町の二六人のキリシタンが司祭と共に処刑され、殉教した巡礼地を訪れ、そして東京では東日本大震災の被災者、青年たちとの集いを持つ予定になっている。

こうした旅のなかで教皇が希求しているのは、単に日本のキリスト者との面会だけではない。日本のカトリック信徒の数は、総人口の〇・三％ほどに過ぎない。教皇はむしろ、信仰や思想を異にしていても、眼前に広がるさまざまな危機を切り抜けるために共に働く人たちとの邂逅《かいこう》を願っている。

さらに強く願っているのは、「貧しい」、あるいは「見捨てられた」と感じている人々との交わりなのだろう。

ローマ教皇は、カトリック教会の指導者であり、世界で最も小さな国家であるバチカン市国の元首でもある。教皇が一つの国家のリーダーとして国際社会に与える力はさほど大きくない。しかし、国境をまたぎつつ存在する、一三億人の信徒を抱える共同体である「カトリック教会」を率いる者としては、甚大な影響力を持つ。

今、気候危機、あるいは環境汚染を是正しようとする運動は、これまでにない勢いを持っている。ノーベル賞候補にもなったと伝えられる、当時一五歳だったグレタ・トゥーンベリが、二〇一八年に一人で始めた「気候ストライキ」が、この運動の始まりになった。

しかし教皇フランシスコは、二〇一五年、彼女が訴えていることをすでに回勅『ラウダート・シ』において述べているのである。

グレタと教皇は面会もし、信頼関係を持つ。回勅は、歴代の教皇が最重要の問題を詳細に論じつつ、その刷新を世界に呼びかける文章だ。教皇はそこで「大地」を「姉妹」と呼びつつ、次のように述べている。

この姉妹は、神から賜《たまわ》ったよきものをわたしたち人間が無責任に使用したり濫用《らんよう》したりすることによって生じた傷のゆえに、今、わたしたちに叫び声を上げています。

人間はいつからか、自然と共存する者ではなく、その暴君となったというのである。さらに教皇はこう続けている。

罪によって傷ついたわたしたちの心に潜む暴力は、土壌や水、大気、そしてあらゆる種類の生き物に見て取れる病的兆候にも映し出されています。

この言葉を読んだとき、すぐに脳裏に浮かんだのは、二〇一八年に亡くなった『苦海浄土　わが水俣病』の著者石牟礼《いしむれ》道子さんだった。

同質の言葉を彼女の著作に見出すのは難しくない。人類が「生類《しょうるい》」全体を支配しようとした過ちが水俣病を生んだ。人類は、すべての「生類」と共にあるとき、はじめて真に人類たり得る、と彼女は考えている。

最晩年の石牟礼さんにこれからの社会、ことに若い人たちにとって大切なことは何かとたずねたとき、彼女はしばらくだまってからゆっくりと「手仕事です」と答えた。頭だけでは世界を理解できない。自《おの》ずとそう感じられる、そんな生き方を伝えていきたい、というのである。

フランシスコも「手仕事」の重要性を強調する。『使徒的書簡　あわれみあるかたと、あわれな女』には「いつくしみのわざは『手仕事』のようなものです（中略）そのどれも他の人のわざと同じではありません」という一節がある。さらに先の一節の後、「いつくしみのわざは、実際、人のいのち全体に影響を与えます」と続く。

「手仕事」はしばしば、他者の目に映らないところでひそかに行われる。だが、そうした真摯《しんし》な営みこそが、心身を超えた「いのち」の次元へと働きかける、というのである。

極めて近い言葉の数々を、私たちはこれまでも、石牟礼道子の作品にも読んできたのではないだろうか。

（西日本新聞、二〇一九年一一月二二日）

教皇フランシスコと日本のいま

日本人の多くは、カトリックではありません。ローマ教皇の言葉をどう受け取ればいいのでしょう。

今回、この時期の来日は、誰かが勧めたわけではなく、教皇自身で決めたのだと思います。

まず、彼にとって日本が、とても大事な国であることは記憶しておいてよいと思います。彼は神父になったとき、宣教師として日本に来ることを希望しました。しかし、健康状態が十分ではなく、このときは許可が得られませんでした。

彼は自伝的なインタビューでも日本にふれ、戦後の焦土から奇跡的な発展を遂げた国であるということ、そして禁教令のあとでも潜伏キリシタンたちが、司祭の指導なく信仰を守り続けた国であると述べています。つまり、経済、政治、信仰など、さまざまなところに可能性を宿した国というのが、日本に対する彼の認識だと思います。

なぜ、この時期なのかという問題は、いくつかの側面から考えてみることができそうです。

フランシスコ・ザビエルの一五四九年の来日から、二〇一九年で四七〇年になります。一九一九年に日本に初めて教皇特使が任命されてから一〇〇年という、宣教的、外交的にも節目の年でもあります。

現代社会に目を移してみると、日韓関係、あるいは中国大陸でのカトリック教会の今後など、アジアにおける日本の役割を見極める、という意識があるのではないかと思います。

日本のカトリック教徒は公式でおよそ四四万人。総人口の〇・三％にすぎません。ここにプロテスタントの信者数を加えても総人口の一％ほどですから大勢に変化はありません。

この国でキリスト者は少数派です。彼は「非キリスト者」に向けてこそ、言葉を届けに来るのではないでしょうか。教皇はあるところでキリスト者で集まるということは、それ以外の人々を疎外することになる。だから逆に、キリスト者が人々の中に入っていかなくてはならない、と強く訴えています。

もちろんカトリックやキリスト者に大きな期待を寄せていることは、言うまでもありません。しかし、彼は同志であるキリスト者に、非キリスト者のところへと「出向いて行く」ことを促しにくるのだと思います。

教皇は、「出向いて行く教会」という言葉をかかげました。これからの教会は、使徒のためだけではなく、すべての人に開かれた教会でなくてはならない。「国境をもたない教会」という言い方もしています。

異質な人との交わりの中でこそ、自分たちの本来の使命、役割、あるいは可能性にも気がついていく。これが人類の歴史であり、キリスト教の歴史だと考えているのです。

教皇はしばしば「連帯」という表現を用います。これを彼は政治的な次元ではなく、いわば「いのち」の次元で実現しようとしている。

さらに、彼のいう「連帯」とは、相いれないものとの連帯も含みます。わかり合える人たちだけの連帯では、今の世の中を良くするには不十分なのです。

先だって真の連帯とは何かを、改めて考えさせられる出来事がありました。二〇一九年一〇月に台風一九号が上陸し、甚大《じんだい》な被害を残していきました。このとき東京の台東区で、ホームレスの人が台風の夜に避難所で受け入れを拒否されたということがありました。台東区が避難所に受け入れるのは、区に住民票を持っている「区民」だけだというのです。

ここに教皇のいう「連帯」はありません。もちろん、人格の認識も「いのち」が平等であるという理解もありません。存在するのは見えない「壁」です。

同質のことは、移民・難民の問題にも言えます。

二〇一九年六月、長崎の大村入国管理センター（出入国在留管理庁が管轄する収容施設）で、ナイジェリア人の男性がハンガーストライキの結果、亡くなりました。移民・難民の人たちは身分証明書や許可証を持たないまま他の国に避難してくる場合がある。彼らは台風とは異なる種類の危機にあるわけですが、ここにも「住民票」がないからといって拒絶し続けるのかという問題があるのです。

無関心のグローバル化

死刑制度の問題も重要です。日本は先進国の中で数少ない、死刑制度を残している国です。教皇は、その日本に「いのち」の次元における人間とはどのような存在なのか、という重大な「問い」を携えてくるともいえます。

教皇は、死刑をめぐる教理を「科すことも排除されていません」から「許容しがたい」と書き換えた。教会のあり方そのものを変えました。

根底には、あらゆる罪はゆるされなくてはならない、人間の生命を人間が奪うということは、どんな理由があっても許されない、という彼の信仰があります。「身体」の次元と「心」の次元は、なんとなく理解できています。でも「いのち」の次元の認識が、今の日本社会をはじめ、先進国と呼ばれる国々では欠けつつあるのではないか、と彼は感じ、警鐘を鳴らすのです。

「いのち」は、人間がつくり得ないもの、人間が「超越」から与えられるものです。そして、人間と人間、人間と自然をつなぐものでもあります。「いのち」のはたらきが崩れると、人は他者とのつながりが見えなくなる。貧しい人たちに対しても無関心になるのは必然です。

教皇は「無関心のグローバリゼーション」という表現を用います。今日の社会では、経済がグローバル化しただけではなく、無関心もグローバル化しているのです。教皇の回勅『ラウダート・シ』には、気候変動、環境汚染といった自然にまつわる問題が多く述べられています。もちろんそこには、人間が自然との関係を見失ってしまったという、教皇の危機的認識があります。

なぜなら、こうした横暴の最初の被害者になるのが、弱い立場にいる人たちだからです。

力ある者、富める者が思いのままに自然を利用し、消費することで、弱い人、貧しい人、苦しんでいる人が傷ついている。この現状をどうにかしなくてはならない、というのが教皇の考えです。

今回、長崎、広島の爆心地訪問が注目されがちです。しかし、死刑の問題でいうと長崎の西坂、禁教によって二六人の信者らが磔《はりつけ》になった、まさに死刑が行われた場所で、教皇がどんな発言をするのかは、爆心地訪問に勝るとも劣らない重要なものになると思います。

西坂の殉教と現代の死刑問題がつながってくるとは思っていませんでした。いのちより秩序を上にする、秩序の前に個を抹殺するということが、いまの日本社会でも続いているのでしょうか。

今もそうしたことは続いていると思います。しかし一方で、近代日本は、さまざまな問題をいわゆる「外圧」によって発見し、改めてきたのも事実です。信仰の自由という問題もそうです。明治になっても弾圧が続いていて、欧米の圧力を受けて、キリシタンを黙認するようになり、ついには憲法に信教の自由が盛り込まれていったという歴史があります。

ですから現代のさまざまな問題も、教皇その人というより、教皇が連帯する人々の力を借りて、日本に何か重要な問いを投げかけるという枠組《スキーム》みが、あるいは、その契機となるつながりが生まれるのではないかと期待しています。

教皇は天皇陛下とも面談する予定ですが、陛下は水の研究家、災害の研究家でもあります。著書『水運史から世界の水へ』の中では、世界というのは、分かち合うべき何ものかであることを強調しています。むしろこの本には、文明の発達は「分かち合い」の知恵の中で育まれていった。叡知は災害を経験してより深まってきた、とも記されています。危機が、私たちの分かち合う力をより豊かにしていったというのです。

この考えは、先にふれた教皇の回勅『ラウダート・シ』とも大変強く共振します。単に目の前で分かち合うことだけではなくて、分かち合える仕組みを作っていかねばならない。そして、いたずらな自然の独占が、過去と現在に対してだけでなく、未来への「罪」であることを自覚しなくてはならない。

「分かち合い」をめぐって、天皇陛下と教皇が言葉を交わすことができたら、とても創造的なことになるに違いありません。

また、今回を機に、天皇陛下のバチカンへの公式訪問が実現したら、日本とバチカンの関係史に新しい一ページが刻まれることになると思います。

過去と未来への責任

もう一つの問題は歴史をめぐる認識です。

教皇は、未来に向かっていくためには、歴史と深くつながらなければならない、とさまざまなところで語っています。新しい物事に対して、新しい考えだけで対処するのは大変危険なのだという警告でもあります。

ここでの「歴史」には、亡くなった人たちを含みます。長崎、広島をはじめ、今回の訪問も、そういった座標軸で見ていくこともできると思います。

カトリックの大きな教会には、地下にも聖堂があり、多くの場合、そこは墓になっています。死者たちが生者たちの祈りを支えるという教会建築の構造を通しても、死者と生者との交わりが表現されているのです。

教皇の折々の発言にも死者の影響を感じます。教皇はアルゼンチンの首都ブエノスアイレスの出身ですが、ある時期、この国は軍事政権による圧政が行われ、貧しい人たちと共にあろうとした聖職者たちが弾圧されて亡くなっています。こうした亡き者たちの「無音の声」を、彼は常に感じているのではないでしょうか。

死者の視座を考えるということは、私たちの喫緊《きっきん》の問題ともつながります。今、憲法改正が論議されています。

憲法は亡くなった人の経験とそれを引き受けた生者の叡知によって作られています。しかし私たちは、それを生者だけの都合で変更しようとしているのかもしれません。同様に、私たちには、歴史に対する責任に加え、自分がこの世を去ってから先、すなわち未来への責任もあるわけです。

教皇の来日は三八年ぶりですが、私たちは今回の出来事を、フランシスコ・ザビエル以来の歴史を踏まえつつ、およそ半世紀後の未来を見据えながら向き合っていく必要があるのだと思います。

長崎、広島の爆心地、殉教の地である西坂の訪問、東日本大震災の被災者との面会。いずれも今を生きる私たちが、亡くなった人の上にあるというメッセージを感じます。

そのメッセージは極めて強いと思います。この世界は、生者だけの空間ではなく、亡き者たち、すなわち語らざる者たちと共にある場であることを思い出させようとしているのだと思います。

もう一点重要なのは、核兵器の問題を限定的に考えないことです。「核を生んだものの」は何なのかを見極めようとしなくてはなりません。教皇が考えているのは「なぜ人が核兵器を生んだのか」という問題です。
おそらく核が全廃しても、戦争はなくならない。私たちが考えてみるべきは、「核兵器的な」脅威です。無差別に人を殺しうるものすべてを想起しなくてはなりません。
反戦ではなく、「戦う」という選択そのものを無化する態度が必要です。それをここでは「非戦」と呼ぶことにしますが、非戦の実現には、人間を超えた者の「眼」を持たねばならない。ある「畏《おそ》れ」の感覚、畏怖《いふ》の感覚を目覚めさせなくてはならないのではないでしょうか。

なぜでしょう。

超越を前にしたとき、人は必然的に「小さきもの」になります。こうしたところにしか真の敬虔《けいけん》も謙遜も生まれません。

人間中心の方が世界はつくりやすい。未来も過去も、困っている人のことも考えずにいた方が生きやすい。そういう人たちがいます。私たちすべてがそうだというのではありません。富める者、力ある者は、その方が都合が良い。ただ、力ある者たちは、自分にとって都合の良い社会が、他者に、弱き人たちにどういう影響を与えるかを十分に考えてこなかったのです。

畏怖の感覚が薄まっている、とは例えば?

与えられているものにもかかわらず、独占しようとする経済のあり方に顕著にみることができます。今の日本でいえば、水道民営化の問題があります。

水は、自然によって与えられたものです。その与えられたものを独占して、お金を持っている人たちだけに分け与えるのは、考えてみたらまったく不合理です。戦争とは、つまり与えられた世界を人間が自ら破壊することだと思います。

今の日本のあり方と、教皇の考えとは、相容《あいい》れないところが少なくありません。これまでふれてきた移民・難民や死刑の問題、水道民営化や気候変動への取り組みも日本はたいへん遅れています。あるいは、貧困や格差をめぐる認識にも隔たりがあります。

こうした事態は、日本だけで起こっているのではありません。アメリカにも言えることです。アメリカの一部の人は、教皇に対して大変強い批判を投げかけているのですが、それは教皇の言葉の影響力が、それだけ強いことの証左でもあります。

こうした現実を前に私たちが考えなくてはならないのは、立場の違いを明確化するだけでなく、なぜ、違いが生じるのかを見極めることです。何の価値観、世界観が異なるのかを考え直してみることです。

もし、世の中が本当に変わるときには、今まさに批判している相手も、何らかの意味での協同者になり得る場が生まれなくてはなりません。

問題は、いかに敵対者を攻撃するか、というところにあるのではなく、意見を異にする人たちといかに創造的な関係を結び得るかという点にあるのだと思います。

教皇は、『橋をかけるために』という本で「大きな政治」と「小さな政治」がある、と述べています。「小さな政治」は、世にいう「政局」です。「大きな政治」とは、国のありよう、あるいは国の姿にかかわるような事象のことです。教会は「小さな政治」には介入しない。しかし教会は、「大きな政治」からは目を離さない、というのです。

愚かさの時代と向き合う

教皇に核兵器の問題について尋ねたとき、彼は「愚かだからだ」と答えました。人間が愚かだから、神は人に「創造力」を授けたのに、愚かだから、人は自分たちを滅ぼすものもつくってしまった。このことこそ新たな愚かさと言わないで何だろうか、と。

第二次世界大戦中にヒトラーの暗殺計画に関わって処刑されたディートリヒ・ボンヘッファーというプロテスタントの牧師がいます。信仰者としても教皇ととても深く響き合う人物です。ボンヘッファーは、悪とは戦うことができるし、悪は自ら瓦解《がかい》していく。しかし、愚かさには対処のしようがないと書いています。

今の日本は、まったく愚かさの時代だと思います。悪の時代というよりも、愚かさの時代。教皇は、そのことをとても強く認識していると思います。

言葉に限らず、人は「わかりやすいもの」に飛びつきがちです。

本当に思っていることは、容易には言葉になりません。そうした思いを誰もが胸に秘めて生きている。でも私たちは、表現されたことが本当だと思いがちです。表現されていることを扉にして、表現し得ないことを感じようとすることが「考える」という営みではないでしょうか。

教皇は、今の教会を「見えなくなっている人たち」から作り直そうとしています。「見えなくなっている」のは、私たちが十分な関心を払わないからなのですが、そうした人々を教皇は「弱い人」「貧しい人」あるいは「見捨てられた人」と表現します。

教会はもともと、こうした人たちとともに生きていく場だった。しかし、教会すらそのような場所ではなくなりつつある。教皇は現在の閉じた教会を開かれたものに変えようとしている。さらにいえば、疎外された人たちとの交わりの中に何か大切なものを見いだそうとしているのだとも思います。

戦後日本社会の節目はどこだったと考えますか。

さまざまな分野の節目が考えられますが、決して無視できない現象の一つが、インターネットでしょう。インターネットとは不思議なもので、簡単に国境を越えた。「グローバル」という言葉が現実になったわけです。そこに経済が交差し、「グローバル経済」時代が始まった。

さらに内面における境界も、無秩序に破壊されたようにすら感じます。言わないでおくべきことを、多くの人が公然と語るようになった。なるべく広く、多くの人にものや情報を届けることが価値になった。しかし、私たちは同時に深みの次元を見失ったのかもしれません。

教皇は、ここに格差社会と自己中心主義、あるいは気候変動、自然破壊の原因があると考えています。これらはほんとうの「つながり」を分断し、消費するところに生じた問題です。

インターネット上にある情報は、表現可能かつ再現も可能なものです。しかし、私たちは表現も、そして再現も不可能なものを分かち合うことによって信頼や情愛を深めてきた。今、そうした関係は希薄になっていますが、当然の帰結だともいえます。もちろん、私たちはインターネットに象徴されるＩＴの技術を手放すことはできません。だからこそ、それとはまったく違う場所で、本当の意味での価値をよみがえらせなくてはならない。

さまざまな場面で教皇は、「いつくしみ」の意味を語ります。「いつくしみ」こそ、もっとも平等な、開かれた愛だと語るのですが、それは「手仕事」のように実現する、というのです。真に価値あるものは再生可能なものではなく「手仕事」のようなものなのではないでしょうか。

インターネットの普及ということでは一九九五年が節目でしょうか。またこの年、阪神・淡路大震災が起き、地下鉄サリン事件が起きた。

阪神・淡路大震災も地下鉄サリン事件も決して無視できない出来事です。二〇世紀の後半までは、目の前にあるものを、もう少し深めようという真摯《しんし》な願いを持っていたと思うのです。

今は、情報量が私たちの許容量《キャパシティ》を超えました。私たちは、多くを集めるのにエネルギーを使い、深めることを止めたのだと思います。

教皇は、自分の関心にだけ費やしている時間を、他者との交わりへと変えていかなくてはならないと訴えます。先にも「弱い人」「貧しい人」「見捨てられた人」にふれましたが、こうした人に学ぶために時を用いなくてはならない、というのです。

オウム真理教の事件後、人々は、考えを深めることが怖くなってしまったのでしょうか。

宗教界にたいへん大きな責任があると思います。宗教界は真の宗教とは何かをもっと時間をかけて語るべきでした。

このことは東日本大震災のあとの現象にも言えます。個々人の宗教者では果敢に語った人はいます。しかし、宗教界としては時代に敗北を喫したといわざるを得ない。その影響は今もなお、あるのだと思います。

沈潜し、開花する言葉

今の日本の現状と、教皇の考えは、ある齟齬《そご》があるかもしれません。しかし、この齟齬にこそ可能性があることを忘れずにいたいと考えています。私たちが見失ったものを彼は、今回の来日でいくつも指摘してくれるのではないかと思います。

そして、彼の言葉を来日中だけでなく、彼が帰った後も、一〇年を優に超える単位で考える、そうした態度で向き合うことができればと思っています。

先に教皇の来日が三八年ぶりであることにふれました。私たちは、教皇来日によって浮かび上がるさまざまな問題も、そうした時間軸の中で過去、未来を見据えつつも極めていかなくてはなりません。

教皇は「時」をめぐって、印象的な言葉を残しています。

成長するため、習熟するため、悔い改めるため、涙を流すためには時間が必要なのです。何事にも時があります。それが時間の神秘です。

（『橋をかけるために』）

涙を流すために時間が必要である。悲しみの底を生きている人は、涙を流していないことも少なくないということです。

今回、教皇は、多くの言葉を、さらにいえば言葉の種子を携えてくる。私たちはそれらを、ある時間をかけて育まねばならないこともあるかも知れない。特に宗教的な言葉は、その人の中で沈潜《ちんせん》していくものだからです。

沈潜して、熟して、ある日ふと、花が開く。今回の来日が、彼の言葉を考え続ける

「はじまり」になるとよいと思います。

（朝日新聞によるインタビュー、二〇一九年一一月二〇日）

II

貧しい人に導かれて――教皇フランシスコの革命

「初めての」教皇

前教皇のベネディクト一六世が生前の退位を表明したのが二〇一三年二月、世界に激震が走った。その前の教皇ヨハネ・パウロ二世は、病身でありながら、最後まで、可能な限り聖座に留まり責任を果そうとしていた。教皇は、終身でつとめることが世の不文律になっていたのである。

翌月、フランシスコが第二六六代の教皇に就任した。着任当時、世の中で彼の名を知る人は多くなかった。だが、南米だけでなく、カトリック教会内ではすでに知られた人物で、それまでにもラテンアメリカ・カリブ司教協議会総会の責任者を務めるなどしていた。ベネディクト一六世が選ばれた教皇選挙《コンクラーヴェ》でも次点だったと伝えられる。

本名はホルヘ・マリオ・ベルゴリオという。一九三六年にアルゼンチンの首都ブエノスアイレスに生まれた。父親は、イタリアからの移民だった。のちにふれるが、移民の子どもだったことは、教皇としての彼の言動に小さくない影響を及ぼしている。

フランシスコは、「初めての」という形容詞が、いくつも付せられる教皇となった。アルゼンチン出身者としてだけでなく、ラテン・アメリカ出身者として最初の教皇であり、近代ではヨーロッパ大陸以外から誕生した初めての教皇でもある。そして、イエズス会出身としても、「フランシスコ」の名前を冠した最初の教皇でもあった。

教皇としての名前は、一三世紀に教会の改革者として活動したアッシジの聖フランシスコに由来する。ベルゴリオは、教皇になる以前からフランシスコと深い交わりがあったわけではない。それを象徴するように、彼がアッシジの地を訪れたのは教皇になった後である。

就任してほどなく行ったある講話のなかで教皇は、アッシジの聖フランシスコが象徴するものとして、貧しさ、平和、被造物への畏敬がある、と語った。「貧しい人」たちと共にあること、真の意味における平和を実現すること、そして人間だけでなく、すべての被造物、すなわち自然に畏敬の念をもって接することが教皇としての彼の根本問題だと考えてよい。

イエズス会士である彼は、修道会の創設者である聖イグナチオ・デ・ロヨラや聖フランシスコ・ザビエルの方によほど親しみを感じていただろう。むしろ、カトリックの歴史を振り返ると、イエズス会とフランシスコ会は、その霊性の違いから意見が衝突することもあった。そうした経緯を十分に理解しながら教皇は、フランシスコの名前を選んだ。こうした選択には融和や対話だけでなく、創造的な一致というメッセージが込められているのだろう。

フランシスコと日本

彼の自伝的なインタビュー『教皇フランシスコとの対話』(八重樫克彦、八重樫由貴子訳)を読んでいると、日本に言及している個所に一度ならず遭遇する。正式にイエズス会で司祭として認められたとき、彼が最初の赴任地として希望したのは日本だった。だが、このときは健康状態が十分でなく、彼の希望は通らなかった。

先にも言及したが、イエズス会というと、フランシスコ・サビエルの名前を想い出す人も少なくないだろう。ザビエルは、この修道会の創設者のひとりで、その人物が、文字通りいのちを賭して宣教に赴いた日本は、イエズス会士にとって特別な場所だったのである。

統計上、現在、日本にはおよそ四四万人のカトリック信徒がいるとされる。総人口の〇・三％ほどでしかなく、圧倒的な少数派《マイノリティ》だ。しかし、その存在感と影響力は数字に比例しているわけではない。

一五四九年のフランシスコ・ザビエルの来日以後、日本では急速にカトリックが広まった。一五八七年に禁教令が発せられたのも、権力者たちが、宣教師の教えと日本の民衆のあいだに、想像を超えるような共振と共鳴が広がりつつあるのを感じ取ったからだった。

一八六五年に起こった「キリスト信徒発見」と呼ばれる出来事がある。長崎の大浦天主堂にいたベルナール・プティジャン神父が、禁教令のなか信仰を守り続けた一五人ほどの人たちと出会ったのである。二百年を超える期間、司祭の導きなく信仰が守られた。この出来事は衝撃をもってバチカンに伝えられた。このことにも教皇は言及している。

今回の来日でも一一月二四日に教皇は長崎と広島を訪れた。二〇一七年、教皇は、写真家ジョー・オダネルが、被爆地となった長崎で撮影した写真「焼き場に立つ少年」に、「戦争がもたらすもの」との言葉を添えて関係者に送った。このことは、教皇の非戦への願いと意志を象徴する出来事として、日本だけでなく、国外でも大きく取り上げられた。

　就任以来、およそ六年半の間にカトリック教会をめぐる状況は一変した。世界はその言動を注視し、影響力もますます大きくなっている。

　二〇一九年一〇月末、驚くべきニュースが飛び込んできた。今後は、ある条件を満たせば、妻帯者でもカトリックの司祭になれるように規則を改める方針を世界代表司教会議《シノドス》で確認した。カトリック教会において司祭の独身性は、およそ九〇〇年続いた伝統だった。それを改めるか否かを検討する、というのである。

　だが、こうしたことも驚くべきことではないのかもしれない。就任して三ヶ月後の講話のなかで彼は、キリスト者は「革命家」でなくてはならない、と語っているのである。

わたしたちは革命家です。さらにこの偉大な変化の革命家です。というのは、わたしたちは人類史の中で偉大な変化の道を歩んできたからです。今日、キリスト者は革命家でなければキリスト者とは言えません。

（『教皇フランシスコ　いつくしみの教会』栗栖徳雄訳）

ここでいう「革命」はもちろん、政局的な意味をもつものではない。だが、それは大きな価値観、世界観の変転を意味する。

現代社会は、金銭、権力、あるいは名誉といった力ある者たちの論理で築き上げられてきた。教皇はそれを「貧しい人」「弱い人」あるいは語ることを奪われた人の視座から作り直そうとしている。それが彼のいう「革命」にほかならない。別なところで彼は「キリスト者は、地上でもっとも弱い人々に心を配るよう招かれている」と述べ、さらにこう言葉を継いでいる。

わたしたちは、新たなかたちで現れている貧困と弱さに密に接するために、心を砕かなければなりません。見かけ上それらは、具体的な益を直ちにもたらすものではありませんが、そこにおられる苦しむキリストに気づくよう、わたしたちは招かれているのです。すなわち、家のない人、依存症の人、難民、先住民族、孤独のうちに見捨てられてしまう高齢者などのことです。移住者の問題が、わたしに特別な課題を突きつけています。

(『使徒的勧告　福音の喜び』)

時代が新しくなれば「貧しさ」も姿を変えていく。それはすでに経済的貧困だけを意味しない。それは、希望における貧しさ、関係の貧しさ、偏見、差別による貧しさ、境遇による貧しさがある。「貧しい人」は同時に「見捨てられた人」でもある。「見捨てられた人」の姿は、次第に人々の視界に入らなくなり、あたかも存在しないかのように扱われる。教皇は、先の一節とは別の「貧しい人」との関係を語った講話で、「貧しい人」が見えていないことにすら気がつかない私たちに警鐘を鳴らす。

彼らの存在は見えなくなり、その声の社会における力も実質性も失われます。彼らはますます、わたしたちの家とは懸け離れた人となり、わたしたちの住む地域の周縁へと追いやられていくのです。

（「貧しい人のための世界祈願日」のためのメッセージ）

この一節は、教皇フランシスコが考えるこれからの「教会」あるいは、世界の姿を端的に表現している。

「わたしたちの家」と語られているのは、世界そのものにほかならない。世界は一つの「家」であり、私たちは「家族」だと教皇は考えている。「国境をもたない教会、すべての者の母である教会」（『使徒的勧告　福音の喜び』）という表現を用いることもある。

教皇とは誰か

教皇がカトリック教会の指導者であることはよく知られている。そして、世界でいちばんちいさな国家、バチカン市国の元首であることを学校で習った記憶がある人もいるだろう。だが、存在としての教皇において――ことに教皇フランシスコにおいては――もっとも重要な姿は別なところにある。カトリック教会では伝統的に「教皇」を次のように定めている。

ローマの司教、

イエス・キリストの代理者、
使徒たちのかしらの後継者、
普遍教会の最高司教、
イタリア首座司教、
ローマ管区首都大司教、
バチカン市国元首、
神のしもべたちのしもべ。

かつては「ローマ司教」という一つの地域の責任者だった職位が、今は世界およそ一三億人の信徒を率いる存在になっている。この事実が典型的に示しているように、ここに記された八つの「顔」の歴史を語ることは、そのままヨーロッパの精神史の核心にふれることになる。

すべてが伝統的に継承されてきたわけではない。たとえば、バチカン市国が誕生したのは一九二九年、ちょうど九〇年前、キリスト教の歴史から見たら比較的最近の事象である。

歴代の教皇の姿を見ていると、この八つの役割をすべて担いつつも、その信仰する態度、すなわち霊性によって、どこに力点を置くかに違いがあることに気がつく。教皇フランシスコの場合、鮮やかなまでに体現しているのは最後の「神のしもべたちのしもべ」という姿だ。

「神のしもべ」とは、主にキリスト者を指す。「主に」と保留するような表現を用いる必要を感じるのは、フランシスコは、今のカトリック教会を、カトリック信徒のための教会ではなく、真の意味における普遍《カトリック》教会にしようとしているからである。

また、カトリック教会では、死者たちは姿を変えて、生者と共に「生きている」と考えるから、ここでのキリスト者も、この世で現存している人たちだけでなく、すでに亡くなった人を含む。教皇は、真の意味におけるすべての人たちに仕える「しもべ」だというのである。

事実彼は、「出向いて行く教会」、あるいは「国境をもたない教会、すべての者の母である教会」（『使徒的勧告　福音の喜び』）という言葉で、進みつつある改革を表現している。

教皇は、助けを必要としている人たちのところに「出向いて行く」だけではない。彼は謝罪を必要としている死者たちのもとへも出向いて行く。フランスの社会学者ドミニック・ヴォルトンとの対談『橋をつくるために』（戸口民也訳）で教皇は、就任してほどなく始めたのは、これまでカトリック教会が苦しめた人々への謝罪だったと語っている。

同じ本で彼は、「ときとして、謝罪すると、橋がつくられます」という。ラテン語の教皇“Pontifex”はそもそも、「橋をつくる人」を意味する。「橋をつくる」あるいは「橋をかける」という言葉は、この教皇の姿を象徴している。彼は、さまざまな分断のあるところにある「壁」を取り除き、政治的分断のあるところに、差別、格差、あるいは疎外があるところに橋をつくろうとしている。

来日を数日後に控えた一一月一七日、教皇が、バチカンで貧困に苦しむ人、住む場所を失った人約一五〇〇人を招いて昼食会を開いたという報道があった。貧しい人に大切なのは金銭的、物的支援ではない。いのちの尊厳を取り戻すことにほかならない。誰ひとり見捨てられることのない世界、その実現に彼は邁進《まいしん》している。

彼が考える「貧しい人」とは、経済的に貧困にある人はもちろん、さまざまなる「貧しさ」にある人々を指す。それは理由を問わず苦しみや悲しみ、さらには絶望のなかにあって、希望の扉のありかを見失った人々である。

教皇は「貧しい人を中心に据えてご自分の国を築き始めたイエス」という表現を残している（「貧しい人のための世界祈願日」のためのメッセージ）。イエスは、自分の「国」を貧しい人たちの生きている場所から、彼らの視座から、作りあげようとしたというのである。これまで私たちは、世界を強者の論理で塗りつぶしてきた。教皇はそれを「貧しい人」がともに生きられる場所へと変貌させようとしている。

だが、現実はなかなか教皇のいうとおりにはならない。「貧しい人」に学ぶのが困難なのは、そうした人々が「見えなくな」っているからだと教皇はいう。人は自分の見たものが世界であると考えがちになる。私たちは自らの価値観という眼鏡で世界を限定的に眺めていることをいつしか忘れてしまう。

「貧しい人」から「国」を作らねばならない、とイエスがいうのは、彼、彼女らがより神に近いところにいるからだ。

ここでの「貧しい人」は、支援の対象ではない。むしろ、真理へと人々を先導する者である。教皇は「貧しい人」の姿を語るとき、彼、彼女らのうちに芽生えている叡知から目をそらさない。困難を生きる人には、ある特別な知恵が育まれると考えている。私たちは「貧しい人」を支援するだけでは足りない。彼らに学ばねばならないというのである。先にふれた講和で教皇はこのようにも語っている。


神の国はまさしく貧しい人のものである、なぜなら彼らこそ神の国を受けるにふさわしいからだ、ということです。

（同前）

「貧しい人」がどこにいるのかが分からなければ「貧しい人」に学ぶことはできない。現代は「貧」を隠す時代でもある。

教皇は貧困の問題を語るとき、同時に気候変動や環境汚染を語る。こうした現象の奥に現代社会を席巻しているグローバル経済の問題が潜んでいると考えている。

大量生産、大量消費、さらには使い捨ての文化は、日々世界を食いつぶしている。そして、その過酷な影響は「貧しい人」、「弱い人」に顕著に表れる。

「時の経過と文明の発展は、貧しい人の数を減らすのではなく増やしている」（同前）

とも彼はいう。

貧困の増大は、必ずしも搾取というかたちをとらない。それは差別の温床にもなる。また、予期せぬ自然災害となって襲いかかる。貧困は生まれてくる、というよりも、人間の欲望によって「生み出されている」と教皇は考えている。

近代以降、人間は次第に自らの力を誇るようになった。さまざまな技術を獲得し、人類はいつしか世界の支配者であるかのように振る舞ってきた。自然をほしいままに利用し、力ある者がもっとも利益を得られる社会秩序を作ってきた。教皇はこうした世界観の脱構築――すなわち創造的解体――を強く促す。

歴代の教皇たちは、自身の根本的信仰を表現する回勅（公的書簡）という文章を公にしてきた。フランシスコには二つの回勅があるが、二つ目の『ラウダート・シ　ともに暮らす家を大切に』によりいっそう、この人物の特色が表れている。その副題にあるように、世界が「ともに暮らす家」であるなら、当然、空はその屋根となり、土壌や海は、万人にとっての生活の礎《いしずえ》となる。

二〇一九年九月、ニューヨークで国連の気候行動サミットが行われた。一六歳の女性グレタ・トゥーンベリのスピーチが話題になった。彼女は、何もしない大人が、次の世代の未来を奪っていると語気を強く語った。教皇もこの会議にビデオメッセージを送っている。同年四月、グレタと教皇は面会もしている。

二〇一八年にグレタがひとりで始めた「気候ストライキ」は、今、世界で「無数」というべき規模にまで広がっている。だが、ここまで急速に運動が力を持つに至った背景の一つに二〇一五年に公刊された回勅『ラウダート・シ』の存在がある。教皇はここで今日世界が直面している問題を次のように述べている。

〈旧約聖書の創世記に記されていることは〉神とのかかわり、隣人とのかかわり、大地とのかかわりによって、人間の生が成り立っていることを示唆しています。聖書によれば、いのちにかかわるこれら三つのかかわりは、外面的にもわたしたちの内側でも、引き裂かれてしまいました。この断裂が罪です。

教皇は私たちに、人間がもともと「小さきもの」であることを思い出させようとしているのである。

「小さく」なるとはもちろん、委縮することでもへりくだることでもない。ただ、人間よりも大いなるものが存在することを知れば、人は己れが「小さきもの」であることを想い出す。自然よりも大いなるものの存在を認識すれば、人は、おのずから自らが「小さきもの」であることを認識できる。キリスト教における「小さきもの」とは、超越者の存在と促しを感じつつ日々を生きる者たちの呼び名である。

気候変動は、経済や人間の欲望、生活様式の変化の表れだと教皇は考えている。それをあるべき姿へと変容させていくこと、それが喫緊《きっきん》の問題だというのである。

気候変動は今、重要な政治的課題だが教皇の慧眼《けいがん》は、この問題は、いわゆる政治と経済の視点から見た改善だけでは不十分であることを見抜いている。むしろ、そこに横たわっているのは価値観や倫理観、さらには世界観といった抽象性の高い問題であることを見過ごさない。

それは「いのち」の喪失という問題だ。二〇一三年「世界宣教の日」に際して送られたメッセージで教皇は、現代社会と「いのち」の問題にふれ、危機は不可視なかたちですでに、私たちの目の前に広がっている、と警告する。

わたしたちは、生活のさまざまな分野に及ぶ危機の時代に生きています。それは経済、財政、また食品の安全、環境においての危機ばかりではなく、いのちの深い意味、またいのちを生き生きとさせる根本的な価値に関する危機です。

近代文明は、人間の身体あるいは意識の構造をある程度まで解き明かすことに成功したのかもしれない。しかし、それは同時に、身体と心を包み込む「いのち」の存在を忘れていく、悲しい道程ではなかったか。

彼は死刑制度に対して、はっきりと反対を表明する。それは死刑という刑罰が、回心の可能性を永遠に奪う決定であり、「いのち」を決定的に損なう行為になり得るからであり、さらには、どんなかたちであれ、人間が人間の「いのち」を奪うという行為は存在してはならないとも信じているからでもある。

「いのち」は、目に見ることも手にふれることもできない。だが、確かに存在する。それは希望や信仰、あるいは永遠も同じだ。
目に見えるから確かなのではない。目には映らないが存在を感じる。そうしたものが人と人、人と自然、さらには人と「神」をつないでいる。その「つながり」を教皇は、私たちに想い起こさせようとしている。そして、他者の「貧しさ」とは、「大きな」私の問題であることを再認識させようとしているのである。

（中央公論、二〇二〇年一月号）

声を発しても耳を貸してもらえない人の声

教皇フランシスコが来日した。滞在日数は足かけ四日間、短いようにもみえるが、教皇の場合、一国ということになると、むしろ長い日程の部類に入る。

教皇が来日するかもしれないという話は、随分前から聞いていた。二〇一九年という年は、日本とカトリック教会との関係においていくつかの節目になる年でもあった。だが、それとは別に、アジアをめぐるさまざまな政治的緊張を融和へと移行したいという教皇の意図があったようにも感じる。事実、教皇は帰国する飛行機のなかで行われる「定例」の記者会見で、中国への訪問を希望していると発言した。

ローマ教皇の来日は三八年ぶり、二度目になる。一九八一年にヨハネ・パウロ二世が訪れたのが最初だった。

こうした時間軸の出来事であることを考えただけでも、教皇来日の意味を問うとは、滞在中に何が起こったかを確かめるだけでは不十分であることは容易に想像できる。何を語ったのかも重要なのだが、何を語らなかったのかも、それに勝るとも劣らない重要性を持つ。

今回の教皇の来日中は、「記者」申請をし、可能な限り現場に赴いた。訪れることができたのは、一一月二四日、長崎市西坂町の二十六聖人の殉教地、広島の平和記念公園、二五日、東京の半蔵門で行われた「三重災害被災者との集まり」、東京ドームのミサ、そして最終日である二六日、上智大学で若者たちを前に行われた講話の計五ヶ所である。

すべての会場で記者たちには、事前に教皇および、登壇者全員が発言する予定稿が配付される。

教皇の言動は、しばしば、彼自身の予想を上回る力を持つ。教皇は世界一三億人のカトリック信徒の指導者であるだけでなく、バチカン市国という国家の元首でもある。当然ながら、彼の発言には訪問国の政府と無視できない相違が生じることもあり、場合によっては国際問題へと発展する危険性をはらんでいる。バチカンでは日常的に語っていることでも、場所が変われば、「内政干渉」になる可能性がある。準備された原稿を読むという様式はそれを未然に防ぐための方法でもある。

最初の取材場所となった、西坂町の二十六聖人の殉教地に入ったのは、教皇が来る予定時刻の三時間以上前だった。はじめは曇り空だったが、次第に雷が鳴り始め、空は暗転し、豪雨になった。保安上の関係で傘の使用を禁じられ、雨ガッパを着るほかない。

教皇到着の三〇分ほど前から、記者も参加者も自分の席を動けなくなる。雨足は強く、雨ガッパもほとんど意味をなさないくらいに濡れた。じっと雨に打たれている人々の姿は、さながら修行者のようだった。

「言葉」よりも強い「祈る姿」

来日中に行われる公開の催しはすべて、YouTubeでライブ配信されていた。教皇の言動を確認するだけならば、現地に行く必要はまったくない。だが、雨に打たれながら待っているうちに、そうした着想は、効率を頭で考えただけに過ぎないことが分かってくる。

語り継がなくてはならないのは、発言を要約するような言語的な意味の再現ではなく、現場を包み込んでいる空気と沈黙の深みだったのである。

姿は見えなくても、待っている人々とのあいだに深いつながりがある。晩秋の雨で冷え切るはずの場所が次第に熱気を帯びてくる。それは映像にも録音機にも記録されない。

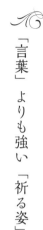

西坂の会場には大画面が設置されていた。主たる目的は、教皇の講話の日本語字幕を映し出すためなのだが、一つ前の訪問地である長崎の爆心地に教皇が到着すると、その様子が流れてきた。

ひと通り関係者へのあいさつを済ませ、教皇が原爆で亡くなった人たちに献花をする。花を供えるだけでなく、教皇はそこで深く祈った。その姿を忘れることができない。

これまで読んできた教皇のあらゆる言葉よりもいっそう強い衝撃が胸を貫いた。祈るとはこういうことだ、そう感じた人も少なくないだろう。政治家が献花し、祈る姿はテレビなどでしばしば見る。だが、あのとき見たのはまったく別種なものだった。

雨の中、深くこうべをたれて祈る教皇の姿を見て、自ずと浮かび上がってきたのは、上皇、上皇后のお二人が、国内外で戦争や災害で亡くなった人たちを慰霊する姿だった。教皇とお二人が会うことはなかった。だが、そこに容易に表現し難いつながりが感じられた。

原発事故被害者との集まり

半蔵門での「三重災害被災者との集まり」で、鴨下全生《まつき》という高校二年生の若者が、原発事故をめぐる証言をした。この若者は二〇一九年の三月、すでに教皇に会っている。彼が自らの窮状《きゅうじょう》を手紙にしたため、教皇に送ったのが目に留まり、バチカンに招待されたのだった。証言は予定稿の通りに始まった。だが、あるとき彼は紙に印刷されていない言葉を話し始めた。

「原発は国策です。そのため、それを維持したい政府の思惑に沿って賠償額や避難区域の線引きが決められ、被害者の間で分断が生じました。傷ついた人どうしが互いに隣人を憎み合うように仕向けられてしまいました」

この変調に教皇は、すぐに気がついた様子だった。もちろん、日本語を理解したのではない。声の調子の変化を見逃さないのである。あえて言葉にするなら、のどから出ていた声が、肚《はら》からのものに変わった。そのとたん、教皇は熱いまなざしを若者に向けた。

若者を含む三人の証言のあと、教皇の講話となったのだが、そこで高校生の発言に直接ふれられることはなかった。このとき真の復興に求められるのは、市井の人々の「出会い」だと語った。

「町の復興を助ける人だけでなく、展望と希望を回復させてくれる友人や兄弟姉妹との出会いが不可欠です」と教皇はいう。

ここでの「兄弟姉妹」はカトリック教会独特の表現で、心における兄弟姉妹を指す。他者のことをわがことのように考えられる人に自分がなること、また、そういう他者との出会いこそが、真の意味での復興の道を照らしだすというのである。

講話が終わり、帰り際、教皇が壇上にいる証言者とあいさつをする。二人とは固い握手をし、若者とは旧友のような抱擁をしていた。

「旧友」というのもあながち比喩ではない。教皇は、この若者に象徴されるような、傷つきながらも自分の人生から逃れようとしない「友」に出会いに来ているのである。

原発の是非をめぐって教皇は、日本滞在中は明言を避けたが、帰りの機中で記者たちを前に個人的な見解であるとことわりながら、真に安全性が確かめられるまでは使用すべきではない、と明言した。核兵器に関してはさらに踏み込んだ発言をし、その存在が認められないことを教理として明記するべきだとすら語った。

長崎の爆心地でも教皇は、いわゆる「核の傘」の偽善をめぐって強い言葉を残している。

わたしたちの世界は、倒錯した二分法の中にあります。それは、恐怖と不信の心理から支持された偽りの安全保障を基盤とした安定と平和を、擁護し確保しようとするもので、最終的には人と人との関係を毒し、可能なはずの対話を阻んでしまうものです。

（「核兵器についてのメッセージ」『すべてのいのちを守るため』）

日本は核兵器を持っていない、というのは言い訳にならない。むしろ、私たちこそが「恐怖と不信の心理から支持された偽りの安全保障を基盤とした安定と平和を、擁護し確保しようと」している。日本は異なる道を選ぶことができる、と教皇はいうのである。

日本への特別な思い

「ご存じかどうか分かりませんが、わたしは若いときから日本に共感と愛着を抱いてきました。日本への宣教の望みを覚えてから長い時間が経ち、ようやくそれが実現しました」(「日本司教団との会合」同書)。日本到着時の第一声で教皇は、日本への特別な思いをこう明かした。

「フランシスコ」は教皇としての名前で、本名はホルヘ・マリオ・ベルゴリオという。イタリア系移民の子どもとして、アルゼンチンの首都ブエノスアイレスに生まれた。二一歳のときフランシスコ・ザビエルも創設者の一人だったイエズス会に入り、カトリック司祭の道を歩み始めた。

ザビエルとの関係だけでなく、豊臣秀吉や徳川家康の禁教令のあとも信仰を守り続けた国であり、海外の宣教師にとって、日本は畏怖《いふ》の念を惹《ひ》き起こさせる特別な場所だった。現代の日本においてカトリックが少数派であることはベルゴリオにも分かっていた。

しかし、宣教の歴史は、日本におけるキリスト教信仰が、特異なまでの熱をもったことがある事実を伝えている。その熱をふたたび炎として立ち上がらせ、信仰の狼煙《のろし》を上げること、それがベルゴリオの希望になった。

司祭の道を歩み始めたベルゴリオが希望したのは日本に宣教師として渡ることだった。しかし、願いはかなわなかった。このとき彼が日本に来られなかった理由の一つに健康状態がある。八〇歳を超えながら世界を飛び回る彼の姿からは想像しづらいかもしれないが、彼は右肺の一部を摘出する手術をしている。

同じ司教団との会合で次のようにも述べている。

わたしは信仰の偉大な証人たちの足跡をたどる、宣教する巡礼者としてここにおります。聖フランシスコ・ザビエルの日本上陸、すなわち日本におけるキリスト教布教の開始から四七〇年がたちます。彼を記念して、皆さんと心を合わせて主に感謝したいと思います。

ローマ教皇の来日は二度目だが、はじめて日本での教皇特使が任命されたのは一九一九年のことだった。二〇一九年はちょうどそのことから一〇〇年になる。

先の一節に「信仰の偉大な証人たちの足跡をたどる、宣教する巡礼者としてここにおります」との言葉があった。このことがもっとも象徴的に体現されたのは、長崎市の西坂町にある二十六聖人の殉教地を訪れたときのことだった。

「わたしはこの瞬間を待ちわびていました。わたしは一巡礼者として祈るため、皆さんの信仰を強めるため、また自らのあかしと献身で道を示すこの兄弟たちの信仰によってわたしの信仰が強められるために来ました」と語り始めたスピーチで、教皇は次のような言葉を残している。

すべての人に、世界の隅々に至るまで、信教の自由が保障されるよう声を上げましょう。また、宗教の名を用いたすべての不正に対しても声を上げましょう。

（「殉教者への表敬」同書）

ここで重要なのは「世界の隅々に至るまで」との一節だ。キリスト教に限定されない「信教の自由」が保持されることを強く望む、というのである。

キリスト者であることで迫害を受け、命を奪われる人もいる。もちろん、キリスト者以外でも、強い信仰をもった共同体であるからこそ、迫害を受けている人たちがいる。

この教皇の言葉を聞きながら、中国におけるチベットとウイグルの人々を想わずにはいられなかった。今、まさに行われているのは民族への弾圧であるだけでなく、仏教、イスラームという宗教に対する弾圧でもあるからである。

広島演説

広島での教皇の演説に関しては、核をめぐる発言が注目されたが、私が感動のあまり動けなくなったのは、彼がここで「貧しい人」にふれたときだった。

わたしは記憶と未来にあふれるこの場所に、貧しい人たちの叫びも携えて参りました。貧しい人々はいつの時代も、憎しみと対立の無防備な犠牲者だからです。

わたしは謹んで、声を発しても耳を貸してもらえない人たちの声になりたいと思います。

（「平和のための集い」同書）

「貧しい人」たちは「いのち」の危機に瀕《ひん》している。その姿において「いのち」の実在を世に訴えている。そうした人たちの「声」を運ぶために世界を旅している、というのである。

教皇は「いのち」を脅かす、あらゆることに反対する。「いのち」の尊厳をゆるがすような事象、価値観、権力に対して「否」を突きつける。「いのち」こそ、万人に平等に「神」から与えられた人間存在の根源であり、人間が他者の「いのち」を損なうことは、どんな理由があってもゆるされていない、と教皇は考えている。

死刑廃止

教皇は、死刑の廃止に関しても従来よりも一歩踏み込んだ決断をしている。死刑を容認しない、ということを教理として明文化したのである。いっぽう、日本は、死刑を容認している。二一世紀になってからだけでも、多くの死刑が執行されている事実を私たちは知っている。

現在、死刑確定の判決に無実を訴え、再審・裁判のやり直しを求めている袴田巖《はかまだいわお》さんと教皇が面会するかもしれない、というニュースが一度ならず流れてきた。

しかし、対話は実現しなかった。理由は分からない。

だが、教皇は、死刑廃止に関して沈黙していたわけではなかった。詳細な内容は公表されていないが、安倍首相との会談で教皇は「裁判や、死刑や終身刑、刑務所のキャパシティーを超えた過剰収容や、判決前の勾留状態など、他国の状況も含めた、受刑者を取り巻く多くの一般問題について話した」と、バチカンの公式メディアであるバチカン・ニュースは報道している。

東京ドームでおよそ五万人を前にして行われたミサは、文字通りの意味で荘厳だった。教皇のミサというより、教皇を中心としたミサといった方が精確なのだろう。集まった人たちに力が、時間とともに凝結していくのが分かるようにさえ思えた。

説教で教皇は、いのちの意味を見失い、「不幸の奴隷」になってはならないと警鐘を鳴らした。「利己主義は個人の幸せを主張しますが、実は、巧妙にわたしたちを不幸にし、奴隷にします。そのうえ、真に調和のある人間的な社会の発展をはばむのです」とも語った。そして弱い人、見捨てられた人に秘められた力を、愛の眼で探し出して欲しいと懇願していた。

「貧しい人」に学ぶ

前述した到着後すぐの講話でも教皇は、日本のカトリック信者の半数以上が、いわゆる「外国人労働者」やその家族であることに言及していたが、ミサにおいても日本の教会は、どこまでも日本に暮らす人々のための教会であって、けっして日本人のための教会ではない、ということを強調していた。

教会は「あらゆる人に開かれてい」なくてはならない。むしろ、その扉を閉ざしたらすでにその本質においては「教会」と呼ぶに値しない、というのである。

もちろん、ここには移民・難民の問題が横たわっている。東京カテドラル聖マリア大聖堂で行われた若者たちとの集いで教皇は、移民・難民政策に対して、日本はもっと寛容になれるのではないかと問いかけた。

来日中、表現の仕方はさまざまだったが、教皇は私たちの目を、徹底的に低いところへと導こうとしていた。「貧しい人」たちに施しをしなくてはならない、と教皇はいわない。そうした人たちとともに生きられる社会を作るのがキリスト者の使命だと説く。さらに私たちは「貧しい人」に学ばねばならないというのである。

先にもふれたが、教皇が「貧しい人」あるいは「弱い人」というとき、そこにはつねに「いのち」の危機がある。もちろん、そこには移民・難民として認められずにいる人々もふくまれる。
最終日、上智大学での教皇の講話は、来日中最後にふさわしいものだった。日本文化の可能性を語り、叡知は弱い人、貧しい人に寄り添うためにあると語った。

己の行動において、何が正義であり、人間性にかない、まっとうであり、責任あるものかに、関心をもつ者となってください。そして、決然と弱者を擁護する者と、ことばと行動が偽りや欺瞞《ぎまん》であることが少なくないこの時代にあって、まさに必要とされるそうした誠実さにおいて知られる者となってください。

（「上智大学訪問」同書）

自分だけの世界を作るのではなく、「見えていない」世界に向かって足を一歩前に踏み出せと教皇は若者に促す。

この言葉は、若い人にだけ向けられているのではないだろう。自分が作った小さな世界から脱出しなくてはならないのは私たち大人も同じなのではないだろうか。むしろ、大人こそが変わらなくてはならない。教皇はそういっているようにも感じられた。

（文藝春秋、二〇二〇年一月号）

平和の巡礼者

教皇フランシスコが一一月二三日から二六日までの日程で日本を訪れた。ローマ教皇としては三八年ぶりになる。

今回の教皇の来日中、私は「記者」として可能な限り現地に赴いた。発せられる言葉を文字としてではなく、その場の空気とともに受け止めたいと思っていたのである。

日ごろ、教皇が発している言葉は、現在の日本のありようと必ずしも一致しない。死刑廃止や難民の受け入れ、水道民営化や気候変動、核兵器の廃絶に関する姿勢など政府の方針とのあいだには大きな開きがある。

宗教的背景を強く持ちながら、教皇は世界の各所で、ときに政治家たちを強く動揺させるような発言をしてきた。日本でも同様のことが起こるのではないかと考えていたが、私にとって最初の取材地となった長崎の西坂町で大きく予想をくつがえされた。

教皇はこの場所の前に爆心地で献花をし、平和に関するメッセージを語ると聞いていた。当然私の関心も彼の言葉の方に動いた。その様子は西坂町の会場に設置されていた大型スクリーンにも映し出された。このとき、私の目に強い衝撃と共に飛び込んできたのは、死者たちに花輪をささげ、深く祈る教皇の姿だった。

何も語らない。ただ、こうべを垂れるその姿からは、彼の亡き者たちへの畏怖と畏敬が著しく強い波動となって伝わってくる。教皇は生者だけに会いにきたのではない。さまざまな死者たちに祈りをささげるために来たのである。

他の訪問地でも教皇は亡き者たちへの思いを体現し、言葉を尽くして語った。なかでも、最も印象的だったのは広島で語られた一節だった。

わたしは平和の巡礼者として、この場所を訪れなければならないと感じていました。あのすさまじい暴力の犠牲となった罪のない人々を思い起こし、現代社会の人々の願いと望みを胸にしつつ、じっと祈るためです。

(「平和のための集い」『すべてのいのちを守るため』)

神に向かってだけではない。彼は、亡き者たちにも生者の守護を祈っている。生者と死者のあいだに橋をかけようとしているのである。

教皇を意味する"Pontifex"はラテン語で「橋をつくる人」を意味する。彼は日本でも与えられたこの使命と役割を忠実に果たそうとしていた。生者と死者だけではない。彼は、「貧しい人」「弱い人」「見捨てられた人」と社会をつなぐ「橋」にもなろうとする。先の発言のあとに彼はこう語った。

わたしは記憶と未来にあふれるこの場所に、貧しい人たちの叫びも携えて参りました。貧しい人々はいつの時代も、憎しみと対立の無防備な犠牲者だからです。

わたしは謹んで、声を発しても耳を貸してもらえない人たちの声になりたいと思います。

（同前）

教皇は、私の口から発せられるのは、宗教的指導者としての言葉であるだけでなく、誰にも顧みられず、世の片隅で生きている人たちの封じられたおもいでもある、私に会うとは、言葉を奪われた者たちの「声」を聞くことになる、というのである。

（熊本日日新聞、二〇一九年一一月二五日）

いのちのありか

二〇一九年の十一月二三日から二六日までの日程で、ローマ教皇フランシスコが来日した。ローマ教皇の来日は、二度目で三八年ぶりだった。

今回の来日のテーマは「すべてのいのちを守るため」というものだった。一見すると平凡な標語のように見える。だが、少し立ち止まってみると、この一節に込められた教皇の強い意志が浮かび上がってくる。

教皇がいう「いのち」は私たちが「いのちを大切に」というときの語感を含みつつ、それを超えていく。彼がいう「いのち」は「生命」を包みながら、それを超えている。

キリスト教の聖典である『新約聖書』には幾たびも「永遠のいのち」という表現が出てくる。教皇のような信仰者にとって「いのち」とは、この世の生を司るものには終わらない。死してもなお、「生き続ける」何ものかにほかならない。

事実、今回の来日で教皇が、もっとも真摯な畏敬をささげたのは、迫害や戦争——ことに原爆——や震災で亡くなった人々、すなわち死者たちだった。

もちろん、生きている私たちにとっても、「いのち」は最重要な事柄《ことがら》だ。教皇は、この世での「いのち」の問題にふれ、長崎県営球場で行われたミサで次のように語った。


わたしたちは、「自分自身を救ってみろ」と軽々しく無関心にいってしまえる、面倒を避ける空気に染まりがちなことを知っています。多くの罪なき者の苦しみを、ともに背負うことの意味を忘れてしまうことも少なくありません。

（「ミサ説教（王であるキリストの祭日）」『すべてのいのちを守るため』）

「自分自身を救ってみろ」とは、罪人《ざいにん》として十字架にかかったイエスに向かって人々が言い放った言葉である。もし、おまえが神の子であるなら、今、ここで己を救い出せ、というのである。

この場面は『新約聖書』において、「いのち」の尊厳に対する侮蔑、そして、人間の愚かさの象徴として描かれている。

私たちは『新約聖書』の登場人物のように「自分自身を救ってみろ」と声に出して言うことはないかもしれない。だが、実質的にはそのように生きてしまっているのではないか、と教皇は問うのである。

教皇は「すべてのいのちを守るため」という言葉とともにやってきた。「すべて」と記されている以上、そこには貧しい人や弱い人、社会から見捨てられた人たちの

「いのち」も含まれる。そして、移民・難民のように、日本社会に受け容れられる前に大きな壁に直面し、私たちの目に映らない人たちの「いのち」もそこに含まれる。教皇は、東京で行われた青年たちとの集いでこう語った。

何のために生きているかに焦点を当てて考えるのは、それほど大切ではありません。肝心なのは、だれのために生きているのかということです。

（「青年との集い」同書）

ここでの「だれ」が、自分の愛する人たちだけでは十分とはいえない、と教皇はいう。「いのち」とは、人種や国境に関係なく、すべての人と私たちをつなぐ何ものかにほかならないからである。

（新潟日報、二〇二〇年一月一三日）

いのちの声に出会う――教皇フランシスコからの問いかけ

三八年ぶりにローマ教皇が来日した。教皇自身も語ったように二〇一九年はさまざまな意味での記念になる年だった。カトリック教会が、日本への教皇使節を任命してからちょうど一〇〇年、そして、聖フランシスコ・ザビエルがこの国の土を踏んでから四七〇年になる。

こうした節目も来日の理由の一つだったかもしれない。しかし、もっとも大きい理由は、日本と世界、日本の教会とひとびと、そして日本の信徒の今とこれからを熟慮する契機をもたらすことだったのだろう。

教皇フランシスコは、聖座に就いてほどなく、これからの教会は、カトリック信徒のためだけの教会であることに留まっていてはならないと強く訴え始めた。

あるときは教会は「野戦病院」でなくてはならないといい、別なところでは「つねに開かれた父の家」（『使徒的勧告　福音の喜び』）であるともいった。回勅『ラウダート・シ』の副題にある「ともに暮らす家」という一節も、こうした教皇の信仰の態度を端的に表現している。

今回の来日のテーマは、「すべてのいのちを守るため」だった。「すべて」という素朴《そぼく》な一語は文字通りの意味で理解しなくてはならない。この標語は、これからの教会は信徒のための共同体であるだけでなく、「すべて」の人に開かれたものであることを意味している。

「いのち」とは何かも私たちは改めて考えてみる必要があるかもしれない。私たちは「生命」と「いのち」を混同し、そのことも拍車となって今、さまざまなところで「いのち」が危機に瀕しているからである。手は今すぐ打たなくてはならない。私たちに求められているのは「いのち」とは何かを語り合い、理解することだけではない。それを「守る」ことだというのである。先にふれた『使徒的勧告　福音の喜び』には教皇がブエノスアイレスの大司教だったとき責任者となって編纂《へんさん》された「アパレシーダ文書」の一節が引かれている。

いのちは与えることで強められ、孤立と安逸によって衰えます。事実、いのちをもっとも生かす人は、岸の安全を離れ、他者にいのちを伝えるという使命に情熱を注ぐ人です。

閉じこもった部屋にいて、おのれを防備するのではなく、さまざまな営みを通じて、他者に「いのち」を与えることでこそ、「いのち」は強められる。むしろ、他者を目の前にしたとき、「いのち」はその輝きを増すともいえるかもしれない。

こうした文章を読むと誰もいないとき、人はどうするべきか、そんな問いも思い浮かぶ人もいるかも知れない。だが、ここでの「他者」は、生ける隣人だけを指すのではないだろう。そこには亡き者たちも含まれる。

「いのち」を与える、とは全身で何かに参与する、ということにほかならない。ミサに与《あずか》るというときの「参与」と同じだ。ミサの列に連なるとは、神からの恵みを受けることだけを意味しない。神とともに働こうとする意志を確かめ、神の助力を感じなおすことでもある。同じ本には次のような一節も引かれている。

ここにわたしたちは人間のあり方についてもう一つの深い法則を見いだします。つまり、他者にいのちを与えるときにこそ、いのちは成長し、成熟します。つまるところ、それが福音宣教です。

神について、あるいはイエスについて、声高に語ることだけが福音宣教なのではない。互《たが》いに「いのち」を感じることができるような時空を経験すること、その持続的な営みこそが福音を宣《の》べ伝えることになる、というのである。教皇は、到着した日に司教団の前で

「いのち」をめぐってこう語った。

わたしたちは、日本の共同体に属する一部の人のいのちを脅かす、さまざまな厄介ごとがあることに気づいています。それらはいろいろな理由があるものの、孤独、絶望、孤立が際立っています。この国での自殺者やいじめの増加、自分を責めてしまうさまざまな事態は、新たな形態の疎外と心の混迷を生んでいます。それがどれほど人々を、なかでも、若い人たちを苛《さいな》んでいることでしょう。皆さんにお願いします。若者と彼らの困難に、とくに心を砕いてください。有能さと生産性と成功のみを求める文化が、無償で無私の愛の文化に、「成功した」人だけでなくだれにでも幸福で充実した生活の可能性を差し出せる文化になるよう努めてください。

（「日本司教団との会合」『すべてのいのちを守るため』）

ここでの「共同体」はすでに洗礼を受けた、あるいはそれを望む人々を意味しない。それは日本にいる「すべて」の人を指す。当然ながら、日本の教会は日本国籍を有する人のための教会ではない。理由の区別なく、日本にいるすべての人のための教会でなくてはならない。

「わたしたちは、日本の共同体に属する一部の人のいのちを脅かす、さまざまな厄介ごとがあることに気づいています」との一節は、あえてこう理解することもできる。「わたしたちは、日本の地にいる、一部の人たちが今、いのちの危機というたいへんな試練に直面していることを知っています」。

現代における「いのち」の危機は、必ずしも迫害というかたちをとらない。それは「孤独、絶望、孤立」という姿をとることもある。「孤独」と「孤立」の区別が難しいようであれば「孤独」は文中にもあったように「疎外」と言い換えてもよいかもしれない。「孤立」が、誰からも理解されない状態を意味するとしたら、「疎外」は、仲間であることを拒まれている状態を指す。

来日後、最初の講話で教皇が「いじめ」と「自殺」の問題に言及していることも見過ごしてはならない。「いじめ」とは、「いのち」の尊厳を踏みにじることであり、「自殺」とは、この世が亡くなる人に「孤独、絶望、孤立」を味わわせた結果にほかならないからである。

さらに教皇は、若者たちが成功物語という偽りの神話に飲み込まれつつある、という事象にも現代の危機があると指摘する。

世にいう「成功」を求めるのではなく、「いのち」の連帯に意味を見出せるような場を作っていかなくてはならない。それは喫緊の課題だというのである。長崎の爆心地公園で語られた「核兵器についてのメッセージ」で教皇は真の共存をめぐって語った。

責務には、わたしたち皆がかかわっていますし、全員が必要とされています。今日もなおわたしたちの良心を締めつけ続ける、何百万もの人の苦しみに無関心でいてよい人はいません。傷の痛みに叫ぶ兄弟の声に耳を塞いでよい人はどこにもいません。対話することのできない文化による破滅を前に目を閉ざしてよい人はどこにもいません。

（同書）

ここでの「皆」は、あの場所で教皇の話を直接聞いた司教団の人々だけでない。彼らにはそれを「すべて」の人に伝えるべく動くという使命が託されているが、「すべて」の人にも、「いのち」の門は開かれている。

「傷の痛みに叫ぶ兄弟の声に耳を塞いでよい人はどこにもい」ない、という一節を私たちはもう一度、かみしめてよい。さまざまな「痛み」を背負って生きなくてはならない者たちの「声」は、しばしば、私たちの耳には届かない、沈黙のうめきとなって世にとどろいている。

目に見えないものを視《み》る眼を心眼という。それに似て、耳に聞こえない「声」を受け取る「耳」を心耳《しんじ》という。心眼に比べ、心耳という言葉が知られていないのは、私たちがこれを用いることが少なくなっているからだろう。
苦しむ者たちの「声」は文字にも声にもならない。この地平に立つとき、教皇がいう「出向いて行く教会」の意味が再考されることになるだろう。声を上げた人たちに寄り添うだけでなく、声なき人たちのもとへ「出向いて行く」という使命が眼前にあるからである。

（カトリック生活、二〇二〇年三月号）

弱くあることの叡知——教皇フランシスコの言葉に学ぶ

会場の入口に、教皇の等身大のパネルがありました。思ったよりも小さいと思われた方も少なくないのではないでしょうか。

今回、長崎の西坂町で、教皇の姿を本当に近くで見ることができましたが、私も思ったよりも小柄な方だと思いました。その姿は、しばしばたいへん大きく見えるからです。

ですが、来日中、特に広島での言葉を聞きながら、なぜ彼の姿が大きく見え、そればかりか自分が「小さく」感じられるのかが分かったように思いました。

それは、教皇が世にいう意味で偉大な人物だからではないのです。それは「貧しい人」「弱い人」「見捨てられた人」と共にあるからなのです。

教皇は、回勅や使徒的勧告をはじめ、さまざまなところで、教会はまず、「貧しい人」のための教会でなくてはならないと述べています。来日中も、さまざまなところで「貧しい人」たちの「口」になりたいと語っていました。

世の中は、強くあることに価値を見出しがちです。しかし、教皇が語ったのは、弱くあることの叡知だといってもよいかもしれません。

今回の来日のテーマは「すべてのいのちを守るため」でした。教皇は「貧しい人」にもっと何かを施すべきだと語ったのではありません。私たちは、「貧しい人」に学び、「連帯」を深めなくてはならないというのです。教皇は『使徒的勧告　福音の喜び』でもこう述べています。

わたしにいえるのは、わたしが人生において見てきた、もっとも美しく自然な喜びは、固執するものをもたない貧しい人々のうちにあったということです。そしてもう一つ思い出すのは、重要な専門の仕事に打ち込みながら、信仰心と、無欲で単純な心を賢明に保っている人々の真の喜びです。

この世の「美しく自然な喜び」を貧しい人々に教えられた。本当の意味での真善美が貧しい人たちのそばにある。そして、そうした人と共にありたいという私たちの心情こそ「単純な心」ではないのか、というのです。

今回、教皇が日本を訪れたのは、自らの思いを語るためだけではなく、むしろ、共に働く人と出会うためだったのではないでしょうか。教皇はローマに帰り、日々彼の仕事に従事しています。問題は私たちが手を挙げるか否かにかかっています。

人は、今日できることを明日に延ばしがちです。それだけでなく、今までの自分でよいと思いがちです。

世の中は今、大きく変化しています。私たち教会も変わらない信仰をもち、行動においては変わることが求められているのではないでしょうか。

それは「神」の言葉を受け取る人から、その言葉を運ぶ人への変化です。就任してほどないとき、教皇はあるインタビューで、教会は「野戦病院」でなくてはいけないと語り、世の中を驚かせました。

敵味方の区別なく助けるのが野戦病院です。これまでの教会は信徒のための教会であり過ぎたというのです。

さらに教皇は「出向いて行く教会」（『使徒的勧告　福音の喜び』）であらねばならないとも語ります。どんなに広く教会の「門」を開いていても、そこまで来られない人が多くいるのが現実です。同じ本には、次のような言葉もあります。


出向いて行きましょう。すべての人にイエスのいのちを差し出すために出向いて行きましょう。ここで、ブエノスアイレスの教会の司祭と信徒には何度も申し上げたことを、全教会のために繰り返します。わたしは、出て行ったことで事故に遭い、傷を負い、汚れた教会のほうが好きです。閉じこもり、自分の安全地帯にしがみつく気楽さゆえに病んだ教会よりも好きです。中心であろうと心配ばかりしている教会、強迫観念や手順に縛られ、閉じたまま死んでしまう教会は望みません。

（同前）

回勅『ラウダート・シ』でも述べられていますが、教皇は、無関心こそ現代にはびこる「悪」の姿であると警鐘を鳴らします。世は不条理に満ちています。私たちは見たくないこと、耳を覆いたくなることと闘わなければなりません。

今回の来日でもっとも印象深かったのは、教皇の言葉以上に彼の祈る姿でした。そこに生み出された沈黙はときに言葉以上のちからを持つように感じられたのです。私たちはあまりに言葉を多用し、沈黙のはたらきを忘れているのかもしれません。

東京で行われた「青年との集い」で教皇は、「ある思慮深い霊的指導者」の言葉だと言ってこう語りました。

祈りとは基本的に、ただそこに身を置いているということだと。心を落ち着け、神が入ってくるための時間を作り、神に見つめてもらいなさい。

（『すべてのいのちを守るため』）

いま、私たちはあまりに忙しく生きているのではないでしょうか。自分のことと自分に見える世界のことで一杯になりがちです。教皇は、そんな私たちに向かって、毎日の生活で神に時をささげるようにと促すのです。

与えられた時を自分のために消費するのではなく、神にささげる。そのとき人は、視線とはまったく異なるあたたかな神の「まなざし」を感じるだろうというのです。

先の言葉を読んだとき、長崎や広島で教皇が祈る姿を見て、どうしてあれほど打たれたのか、その理由が分かったようにも感じられました。あのとき、教皇を見ながら、自分もまた、神にみつめられていたことがはっきりと分かったからです。

（聖イグナチオ教会・ヨセフホールでの講演、二〇一九年一二月二三日）

＊この一文は、講演後、イグナチオ教会の教会報に掲載された。講演の要旨でもあるが、文章は紙面の都合もあり、講演後に書き下ろした。また、本書への収録にあたって、さらに加筆した。

教皇フランシスコが誕生するまで——おわりに

来日中の報道は、教皇フランシスコが何を語ったのかという問題ばかりにふれ、この人物が、どのようにして教皇になったのかにふれられることはほとんどなかった。もちろん、前教皇の退位やそれにともなう教皇選挙《コンクラーヴェ》に関して言及されることはあったが、教皇就任以前に、宗教者としてそれまでどのような道程を歩んできたかは、日本のメディアの関心事ではなかったようだ。

だが、海外メディアの関心はまったく違う。彼が語ることの真意をこれまでの言動から読み取ろうとする。そもそも新しい教皇が就任するとほどなく評伝が刊行される

「習わし」のようなものがある。現教皇も例外ではない。

この教皇は評伝だけでなく、映画にもなった。二〇一五年に公開された『ローマ法王になる日まで』は、教皇の人物像を見事に描き出した、というだけでなく、映画そのものとしても高い評価を得た。

教皇が帰国して三週間ほど経過したころ、教皇フランシスコにまつわる二本目の映画『2人のローマ教皇』が公開された。この作品は、前教皇のベネディクト一六世が退位を決意し、現教皇のフランシスコにそのあとを託していく道程を描いたものだ。映画で描かれたことのすべてを事実として受け取るのは危険だとしても大きな流れとしての「真実」はある、と考えてもよいのだろう。

この映画にはさまざまな主題があるが、その一つに回心がある。あるいは、「ゆるし」といってもよいかもしれない。二人の教皇が互いの「罪」を語り合うことで信頼をふかめていく。

教皇フランシスコ——当時のベルゴリオ枢機卿——が、教皇ベネディクト一六世に語ったのは、アルゼンチンで行われた、一部の司祭たちへ向けられた迫害をめぐる出来事だった。

一九七六年から八三年まで、アルゼンチンは軍事独裁政権が敷かれ、のちに「汚い戦争」と呼ばれる時代になる。

当時の政権は、自分たちに反意を表明する者たちを捕え、拷問し、あるときには粛清すらした。亡くなった、あるいは行方不明になった人の数は三万人を超えるという説がある。

政府が恐れたのはマルクス主義と関係する、あらゆる動向だった。当時のマルクス主義、あるいはそこから派生した社会主義は、今日では文字通りの革命思想であり、ある人々はそこに力による革命も是認していた。その列に連なったのは、「貧しい人」たち、あるいは抑圧された人たちだった

カトリックとマルクス主義とのあいだには、今日からは想像もできないほどの緊張があった。その関係はむしろ、敵対といった方がよいのかもしれない。教会はマルク

ス主義を文字通りの意味で敵視していた。そのいっぽうで、ある人々は、「貧しい人」たちと共にあろうとしたマルクス主義者との対話のなかに教会の新しい道を模索できるはずだと考える司祭たちもいた。

こうした人々は、政府から見ると敵対する勢力に映る。教会と左翼が互いに牽制《けんせい》することは軍事政権にとっては批判者のエネルギーをそぐという意味でも好都合だった。

当時の教会は、軍事政権とは明らかな衝突を回避する道を選ぶ。ベルゴリオも管理者として同志たちに左派的な活動をやめるように説得した。しかし、交渉は決裂し、ベルゴリオはこのとき、二人の同志を、実質的にイエズス会から退会させることになる。そして、教会の後ろ盾を失った仲間たちは政権に逮捕され、拷問を受けることになるのである。

映画ではあまり詳しく描かれていないが、イギリス人ジャーナリスト、ポール・バレリーが書いた『教皇フランシスコの挑戦』（南條俊二訳）によると、拷問を受けた神父は、マルクス主義者と特別の関係があったのではなかった。ただ、どこまでも行き場をなくした「貧しい人」たちと共にあろうとしただけだった。迫害された神父のうちの一人は、修道会である時期、ベルゴリオを指導したこともある人物だった。

問題は、若き管区長ベルゴリオが、二人の同志を見捨てたのか、という点にある。今日確かめられる証言からは、ベルゴリオの真意は、見捨てようとしなかったばかりか、彼らの身を守ることにあったことが分かっている。

二人の名前はヨリオとヤリクスという。ヤリクスがかつて指導者だった人物だ。映画では、ヤリクスとはのちに和解することができ、もう一人はベルゴリオを許さないまま亡くなった、とされている。

大きく見れば、事実だといってよいが、先に見た評伝を読むと、ヤリクスとの和解も一直線にはいかなかったようだ。しかし今は、かつてあった疑いは晴れ、二人のあいだには信頼関係が戻っている。

人は誰も完全ではありえない。当時のベルゴリオにもヤリクスにも今日から見ると互いに顧みるべき点はあるのだろう。だが、このある意味での「あやまり」から新しい教会が生まれようとしているのも事実なのである。

「貧しい教会」あるいは「貧しい人のための教会」という言葉は、教皇が「考えた」すえに出てきたのではない。むしろ、この素朴《そぼく》な表現のなかに、これまで彼が生きてきた軌跡がすべて凝縮されている、といってよい。この言葉は、二〇一三年に教皇がさまざまなメディア関係者の前で語った談話のなかにもある。

そこで教皇は、教皇選挙《コンクラーヴェ》で自らが選出されるときに起こったことを語り始めた。彼の隣にはブラジルのサンパウロ名誉大司教で、教皇庁聖職者省名誉長官のクラウディオ・フンメス枢機卿がいた。彼はベルゴリオの親友でもあった。

票が集まり、得票数が既定の三分の二を超えると、場内から拍手が起こる。このときフンメスはベルゴリオを抱擁しながら、これまで通り、教皇になっても貧しい人のことを忘れないように、と言った。そのあと、彼の心中で起こったことをベルゴリオはこう語っている。

貧しい人々。貧しい人々。このことばがわたしの中に入ってきました。その後すぐに、貧しい人々との関連で、わたしはアッシジのフランチェスコのことを考えました。それからわたしは、投票数の計算が続き、すべて終わるまで、戦争のことを考えました。フランチェスコは平和の人です。こうしてアッシジのフランチェスコという名前がわたしの心に入ってきました。フランチェスコはわたしにとって貧しさの人、平和の人です。被造物を愛し、守った人です。現代においても、わたしたちは被造物とあまりよくない関係をもっているのではないでしょうか。フランチェスコという人、この貧しい人は、この平和の精神もわたしたちに与えてくれます。……どれほどわたしは貧しい教会を、貧しい人のための教会を望んだことでしょうか。

（「教皇フランシスコのメディア関係者へのあいさつ」『教皇フランシスコ講話集1』）

イエズス会士だったベルゴリオがフランシスコの名前を選んだ理由もさながら、「貧しさ」「平和」「被造物への愛」、この三つの言葉に教皇フランシスコの霊性は収斂《しゅうれん》される、といってもよい。これらのことは、このときはじめて彼に与えられたものではなかった。むしろ、同志と決別しなくてはならなかった日から、彼がずっと胸に秘め、そして実践することで、それが自らの使命であることを証ししようとしていたのだった。

ここで彼は語っていないが、このときベルゴリオは、あの試練の日からずっと、聖フランシスコが自らの守護者になっていたことに気がついたのかもしれない。私たちは教皇フランシスコだけでなく、聖フランシスコの生涯を今、ふたたび見つめ直してもよいのかもしれない。

＊

本書は、これまで出したどの著作よりも、多くの人のちからを借りねばならなかった。編集は内藤寛さん、校正・校閲は牟田都子さん、装丁はたけなみゆうこさんにお力添えをいただいた。

どの本もそうだが、言葉が本になるときは、こうした仕事の輪を欠くことはできない。大きな安心のなかで、こうした本を出すという、ある種の挑戦ができたことを、その一員として誇りに思い、また深く感謝もしている。

今回の教皇来日に際しては、教会の関係者にも多大な協力をいただいた。東京大司教区の菊地功大司教、カトリック教会中央協議会の事務局長でもある大水文隆神父、そして同協議会の奴田原智明氏には有形無形の支援をいただいた。ここで改めて深く謝意を表したい。

最後に教皇に関して執筆の機会をくれた各新聞、雑誌の関係者にも改めて謝意を送りたい。彼、彼女らの理解がなければ、今回の来日は、後世に語り継ぐべき「出来事」として世に伝わらなかったかもしれないのである。

なお、本書に収めた文章は、初出に加筆したものである。しかし、来日前後の認識の差異に関するものは極力筆を加えなかった。

この本を書いたのは、同時代の人たちが今回の出来事を振り返り、味わい直す糸口になればという気持ちからでもあるが、次の教皇来日を経験する人たちへの手紙になることを企図してもいる。

ここで書いた幾つかの危機が、そのときにはもう、私たちの「いのち」を脅かしてはいないことを願わずにはいられない。

二〇二〇年二月一三日　諸聖人と亡き者たちの守護を願いつつ

若松 英輔

若松英輔（わかまつ・えいすけ）

1968年新潟県生まれ。批評家、随筆家、東京工業大学リベラルアーツ研究教育院教授。慶應義塾大学文学部仏文科卒業。2007年「越知保夫とその時代 求道の文学」にて第14回三田文学新人賞評論部門当選、2016年『叡知の詩学 小林秀雄と井筒俊彦』（慶應義塾大学出版会）にて第2回西脇順三郎学術賞受賞、2018年『詩集 見えない涙』（亜紀書房）にて第33回詩歌文学館賞詩部門受賞、『小林秀雄 美しい花』（文藝春秋）にて第16回角川財団学芸賞、第16回蓮如賞受賞。
著書に『イエス伝』（中央公論新社）、『魂にふれる 大震災と、生きている死者』（トランスビュー）、『生きる哲学』（文春新書）、『霊性の哲学』（角川選書）、『悲しみの秘義』（ナナロク社、文春文庫）、『内村鑑三 悲しみの使徒』（岩波新書）、『種まく人』『詩集 幸福論』『詩集 燃える水滴』『常世の花 石牟礼道子』『本を読めなくなった人のための読書論』（以上、亜紀書房）、『学びのきほん 考える教室 大人のための哲学入門』『詩と出会う 詩と生きる』（以上、NHK出版）など多数。

いのちの巡礼者――教皇フランシスコの祈り

2020年3月16日　初版第1刷発行

著者　若松英輔
発行者　株式会社亜紀書房
〒101-0051 東京都千代田区神田神保町1-32
電話（03）5280-0261
振替00100-9-144037
http://www.akishobo.com
装丁　たけなみゆうこ（コトモモ社）
装画　牛尾篤
写真提供　カトリック中央協議会
印刷・製本　株式会社トライ
http://www.try-sky.com

Printed in Japan